CPLT

Le Comité permanent de lutte à la toxicomanie (CPLT) est un organisme québécois qui a pour mandat principal de conseiller le ministre de la Santé et des Services sociaux, ainsi que la ministre déléguée à la Santé, aux Services sociaux et à la Protection de la jeunesse, sur les grandes orientations qui devraient être retenues en matière de lutte à la toxicomanie et de leur proposer les priorités d'actions ou les domaines d'intervention à privilégier. Les préoccupations du Comité portent autant sur les problèmes liés à l'usage et à l'abus de substances psychoactives que sur les actions à entreprendre pour trouver des solutions à ces problèmes. Outre les réflexions et les échanges qu'il mène au sein de ses rangs, il s'alimente à diverses sources pour réaliser son mandat : il commande des études, il recueille les opinions des divers intervenants et experts des milieux concernés, il analyse les données publiées sur l'évolution de la problématique au Québec. En vue de contribuer au transfert des connaissances, le Comité permanent de lutte à la toxicomanie publie régulièrement les résultats des études qu'il commande, des consultations qu'il mène, de même que le fruit de ses analyses. Ces documents constituent pour un ensemble d'acteurs des outils en mesure de les guider dans leurs réflexions, leurs échanges et leurs actions.

Comité permanent de lutte à la toxicomanie
970, rue de Louvain Est
Montréal (Québec) H2M 2E8
Tél. (514) 389-6336 Télécopie. (514) 389-1830
Courriel : lutte.toxicomanie@qc.aira.com
www.cplt.com

DROGUES

Savoir plus
Risquer moins

Données de catalogage avant publication (Canada)
Vedette principale au titre:
  Drogues: savoir plus, risquer moins
  ISBN 2-7604-0848-5

  1. Drogues. 2. Drogues - Effets physiologiques. 3. Drogues - Statistique
HV5801.D74 2001   362.29   C2001-94-1578-8

© 2001, Les Éditions internationales Alain Stanké
Dépot légal: Bibliothèque nationale du Québec, 2002

Stanké international
25, rue du Louvre
75001 Paris
Tél.: 01.40.26.33.60
Téléc.: 01.40.26.33.60
www.stanke.com

Les Éditions internationales Alain Stanké
615, boul. René-Lévesque Ouest, bureau 1100
Montréal (Québec) H3B 1P5
Tél.: (514) 396-5151
Téléc.: (514) 396-0440
editions@stanke.com

IMPRIMÉ AU QUÉBEC (CANADA)
Diffusion au Canada: Québec-Livres
Diffusion hors Canada: Inter Forum

Comité permanent de lutte à la toxicomanie

DROGUES
Savoir plus
Risquer moins
ÉDITION QUÉBÉCOISE

Ce qu'il faut savoir

ALCOOL • AMPHÉTAMINES • CANNABIS
COCAÏNE • ECSTASY • GHB • HÉROÏNE
KÉTAMINE • LSD• MÉDICAMENTS PSYCHOACTIFS
MESCALINE • PCP • SUBSTANCES DOPANTES • TABAC

Stanké

Sommaire

**Comité
permanent de lutte
à la toxicomanie**

Québec ✦✦ ✦✦

Drogues: savoir plus, risquer moins est une adaptation québécoise d'un livre du même titre publié en France en 1999 par la Mission interministérielle de lutte contre la drogue et la toxicomanie (MILDT) et le Comité français d'éducation pour la santé (CFES). Un succès instantané marqua sa sortie en France et plus d'un million d'exemplaires furent vendus en quelques semaines.

C'est lors d'une mission du Ministère de la santé et des services sociaux (MSSS) en France en décembre 2000 que, reçue par la MILDT, la délégation du Québec découvrit ce livre. Tous furent frappés, tant par la qualité de la publication que par la pertinence de son contenu. Dès notre retour de mission, j'entrepris des démarches, en collaboration avec le Ministère de la santé et des services sociaux, en vue d'obtenir la permission d'en faire une adaptation québécoise. Cette permission nous fut accordée officiellement par Madame Nicole Maestracci, présidente de la MILDT.

Nos remerciements vont tout d'abord à la MILDT qui nous a si gracieusement offert sa collaboration, à la Ministre déléguée du MSSS, Madame Agnès Maltais, qui a spontanément accueilli le projet et accepté de collaborer à son financement, au Regroupement Maison Jean Lapointe/Pavillons du Nouveau Point de Vue qui a initié la démarche et accepté de confier le projet au Comité permanent de lutte à la toxicomanie (CPLT), à Messieurs Pierre Michaud et Robert Faulkner du MSSS qui ont soutenu nos démarches, ainsi qu'à Monsieur Pierre

Brisson qui a réalisé le premier inventaire des éléments à adapter.

Nous remercions tout spécialement Messieurs Mohamed Ben Amar, Louis Léonard et Pascal Schneeberger pour l'adaptation des contenus, la Fédération québécoise des centres de réadaptation pour personnes alcooliques et toxicomanes qui a apporté son concours pour le chapitre «Agir, réagir, aider, être aidé», Monsieur Alain Stanké qui a partagé notre enthousiasme et qui nous a permis de profiter de son expertise. Enfin, il faut souligner le travail de Monsieur Michel Germain, directeur général du CPLT, qui a assuré la coordination des travaux.

Nous sommes très fiers d'avoir pu réaliser ce projet qui fait partie des efforts que nous désirons consentir en vue de fournir la meilleure information possible sur les drogues et en prévenir ainsi les effets les plus néfastes. Il est le résultat de la mise en commun des énergies et des compétences françaises et québécoises, de la part d'individus et d'organismes qui croient encore qu'un pas de plus peut faire une différence.

Rodrigue Paré
Président
Comité permanent de lutte à la toxicomanie

Québec ✚✚

L'esprit humain est le siège des plus grandes richesses comme des plus grandes fragilités. Bon nombre d'hommes et de femmes ont recours à des substances psychotropes, pour des raisons qui leur sont personnelles mais qu'expliquent aussi des facteurs sociaux. Cette consommation devient parfois débridée, au point que la personne, son entourage et la collectivité elle-même en subissent les retombées négatives.

En matière de toxicomanie, le gouvernement du Québec adopte une approche pragmatique, qui ne tente pas d'occulter ou d'embellir la réalité : oui, il y a, et il y aura toujours, consommation – et sur-consommation – de substances psychotropes.

Cela dit, l'intervention publique et communautaire doit se déployer sur plusieurs fronts à la fois. Bien sûr, la prévention demeure l'approche privilégiée puisque celle-ci peut éviter l'apparition ou l'aggravation des problèmes liés à l'usage inapproprié de substances psychotropes. Cependant, quand il y a comportement abusif, nous devons développer des approches qui permettent d'atténuer les répercussions pour la personne elle-même, pour ses proches et pour la société. Cela doit se faire dans un esprit de compassion et d'entraide, à l'abri de toute culpabilisation ou de toute stigmatisation des personnes en cause.

Parce qu'il fournit de l'information objective sur la question, le présent ouvrage s'inscrit résolument dans cette approche globale et intégrée en matière de drogues. Oui, en savoir plus, c'est vraiment risquer moins !

AGNÈS MALTAIS
Ministre déléguée à la Santé, aux Services sociaux et à la Protection de la jeunesse

**Aujourd'hui, nous savons que toutes les «drogues» ou substances psychoactives agissent sur le cerveau en modifiant le psychisme des individus, qu'il s'agisse de drogues illicites, d'alcool, de tabac ou de médicaments psychoactifs.
Il ne s'agit pas pour autant de nier que certaines sont plus dangereuses que d'autres.**

Nous savons aussi que les pratiques de consommation de ces drogues se sont profondément transformées, notamment chez les jeunes : banalisation du cannabis, augmentation des états d'ivresse répétés, maintien de la consommation de tabac à un niveau élevé, hausse de la consommation d'héroïne, arrivée massive des drogues de synthèse, prise de conscience du phénomène du dopage, recours de plus en plus fréquent aux médicaments, et surtout association régulière de plusieurs produits licites ou illicites consommés en même temps ou successivement.

Aujourd'hui enfin, nous savons que pour évaluer la dangerosité d'une situation, les comportements et les contextes de consommation sont au moins aussi déterminants que les produits eux-mêmes.

Nicole Maestracci
Présidente
Mission interministérielle de lutte contre
la drogue et la toxicomanie

Pourquoi est-il nécessaire d'informer ?

La politique québécoise et canadienne de lutte contre les drogues dangereuses fait l'objet, depuis de nombreuses années, de débats idéologiques passionnés.

La faiblesse des informations mises à la disposition du grand public laisse place à des messages souvent contradictoires et inexacts.
Cette situation renforce les malentendus, les inquiétudes et les peurs, mais surtout le sentiment d'impuissance face aux personnes qui consomment des drogues.
Elle encourage des attitudes excessives et inadaptées variant, trop souvent, entre l'indifférence et la dramatisation.

Il est vrai que, pendant longtemps, nous savions peu de chose ou étions mal renseignés.

Si, depuis quelques années, nous avons à notre disposition des données scientifiques beaucoup plus fiables et nombreuses, elles ont été peu portées à la connaissance de tous ceux qui étaient concernés.
Cela est d'autant plus gênant que les données évoluent très vite. Par exemple, l'arrivée régulière de nouvelles drogues implique une mise à jour permanente des informations.

POURQUOI UN LIVRE SUR LES DROGUES ?

Ce livre vise plusieurs objectifs.

Tout d'abord, il cherche à mettre à la disposition de tous les informations aujourd'hui disponibles sur les drogues et les dépendances. Pour garantir l'objectivité et la fiabilité de ces informations, il s'appuie sur les rapports scientifiques les plus récents, ainsi que sur l'expertise de nombreux spécialistes.

Ce livre informe sur les produits et leurs effets, mais aussi sur les facteurs de risque et les facteurs de protection. Il donne des éléments chiffrés ainsi que des informations utiles sur la loi, les traitements, l'aide disponible... Il donne enfin un certain nombre d'adresses.

C'est un objectif ambitieux parce que nous savons à quel point il est difficile de transmettre des connaissances, techniquement ou scientifiquement complexes, en étant à la fois exact et compréhensible.

Notre souhait est aussi qu'il réponde le mieux possible à la demande d'informations objectives. Nous voulons également qu'il aide à **ouvrir un dialogue utile entre les jeunes et toutes les personnes qui les entourent,** plus particulièrement les parents.

En effet, rien ne sert de conseiller aux parents de parler des drogues avec leurs enfants s'ils ne disposent pas d'arguments et d'éléments de connaissance nécessaires.

C'est à partir de cette connaissance qu'ils pourront être mieux à l'écoute de leurs enfants, prendre conscience de leur vulnérabilité et de la gravité éventuelle des risques qu'ils prennent. Ils seront ainsi mieux placés pour jouer leur rôle éducatif sans nécessairement avoir besoin de recourir à un spécialiste.

C'est un objectif modeste car une information, aussi bien faite soit-elle, ne suffit pas à elle seule à modifier des comportements.

Il n'y a pas de société sans drogue, il n'y en a jamais eu. Il n'y a pas non plus de solution miracle, ni au Québec, ni au Canada, ni ailleurs dans le monde. En revanche, il existe des réponses efficaces, afin d'éviter les consommations dangereuses et de réduire les risques lorsqu'il y a usage.

Sans pouvoir répondre à tout, ce livre peut néanmoins permettre à chacun d'avoir les repères essentiels pour voir ce qu'on ne regarde pas toujours, pour comprendre et pour agir.

LES DISTINCTIONS DE COMPORTEMENT

Les effets, les risques et les dangers des drogues ou substances psychoactives varient suivant les produits et l'usage qu'on en fait. Les raisons de consommer diffèrent selon chaque personne : elles sont liées à son histoire, à son état de santé, à son environnement familial et social.

La consommation de ces produits procure un plaisir ou un soulagement immédiat :
- on peut boire un verre d'alcool pour se détendre, pour le plaisir de goûter un bon vin, pour se sentir mieux ou surmonter un moment douloureux ;
- fumer du tabac pour faire comme les autres, pour le plaisir de partager un moment avec d'autres ou parce qu'on ne peut plus s'arrêter ;
- consommer de l'ecstasy dans le désir d'accéder à des sensations extrêmes ;
- consommer abusivement une substance pour atténuer une sensation de malaise, rechercher l'oubli d'une souffrance ou d'une réalité vécue comme insupportable...

Que le produit soit licite ou illicite, la communauté scientifique distingue trois types de comportements de consommation : l'**usage récréatif**, l'**abus** et la **dépendance**, dont les risques et les dangers sont différents.

Chaque consommation ne présente pas les mêmes dangers : elle dépend du produit, de la quantité consommée, de la fréquence et du contexte de la consommation, ainsi que de la vulnérabilité du consommateur.

QU'EST-CE QU'UNE SUBSTANCE PSYCHOACTIVE ?

Alcool, tabac, cannabis, héroïne, cocaïne… sont tous des substances psychoactives, c'est-à-dire qui agissent sur le cerveau :
- elles modifient l'activité mentale, les sensations, le comportement. Leur usage expose à des risques et à des dangers pour la santé, et peut entraîner des conséquences sociales dans la vie quotidienne ; leur usage peut en outre engendrer une dépendance ;
- elles provoquent des effets somatiques (sur le corps) d'une grande diversité selon les propriétés de chacune, leurs effets et leur nocivité.

TOUTES CES SUBSTANCES DISPOSENT D'UN CADRE LÉGAL

La cocaïne, l'ecstasy, le LSD, la mescaline, le PCP sont des substances illicites. Le code criminel en interdit et en réprime la production, la détention et la vente, conformément aux conventions internationales ; leur usage est également interdit et sanctionné.

Le cannabis est une substance illégale mais sa consommation est autorisée dans un cadre médical très précis.

Les médicaments psychoactifs (anxiolytiques, sédatifs, hypnotiques, antidépresseurs, antipsychotiques, stabilisateurs de l'humeur) sont des produits licites. Ils sont prescrits par un médecin pour traiter l'anxiété, l'excitation, l'insomnie, la dépression, les troubles de l'humeur. Leur production et leur usage sont strictement contrôlés. Cependant, leur détournement et l'automédication sont fréquents.

L'alcool et le tabac sont des produits licites. Ils sont consommés librement. Leur vente est autorisée et contrôlée et leur usage réglementé.

QU'EST-CE QUE L'USAGE RÉCRÉATIF ?

L'usage récréatif est une consommation de substances psychoactives qui n'entraîne ni complications pour la santé ni troubles du comportement ayant des conséquences néfastes sur soi-même ou sur les autres.

C'est souvent le cas chez les adolescents ou jeunes adultes qui expérimentent par curiosité, pour s'amuser ou pour imiter les autres par effet d'entraînement. La plupart du temps, ils semblent s'en tenir là, sans risque d'une éventuelle «escalade». Il s'agit aussi des consommations occasionnelles et modérées qui concernent, par exemple, un nombre important d'usagers d'alcool.

Dans la grande majorité des cas, l'usage récréatif n'entraîne pas d'escalade.

Selon l'Institut de la statistique du Québec, un Québécois sur sept fume du cannabis. On estime actuellement que 1,5 million de Canadiens fument la marijuana pour leur plaisir. La consommation illicite du cannabis au Québec et au Canada est principalement occasionnelle. Cet usage récréatif n'entraîne pas d'escalade dans la grande majorité des cas.

Qu'est-ce que l'abus ?

L'abus ou usage abusif est une consommation susceptible de provoquer des dommages physiques, affectifs, psychologiques ou sociaux pour le consommateur et pour son environnement proche ou lointain.

Les risques liés à l'abus tiennent à la dangerosité spécifique du produit, aux dommages pour la santé et aux conséquences sociales de la consommation.

Les risques pour la santé
(risques sanitaires) :
l'usage est abusif lorsqu'il entraîne une détérioration de l'état physique, la complication de certaines maladies, voire des décès prématurés.

Les risques pour la vie quotidienne
(risques sociaux) :
l'usage est abusif dans les situations où la consommation et ses effets peuvent occasionner un danger ou entraîner des dommages pour soi et pour les autres (exemple : conduite d'un véhicule automobile sous l'influence de l'alcool ou d'une drogue).

SIGNES EXTÉRIEURS DE L'ABUS
OU DE L'USAGE ABUSIF

On parle d'abus ou d'usage abusif lorsque l'on peut constater :

- l'utilisation d'une substance dans des situations où cela peut devenir dangereux : perte de vigilance (conduite d'un véhicule moteur, manipulation d'une machine dangereuse) ;

- des infractions répétées, liées à l'usage d'une substance (actes délictueux commis sous l'effet d'un produit, accidents divers sous l'effet du produit...) ;

- l'aggravation de problèmes personnels ou sociaux causés ou amplifiés par les effets de la substance sur les comportements (dégradation des relations familiales, difficultés financières...) ;

- des difficultés ou l'incapacité à remplir ses obligations dans la vie professionnelle, à l'école, à la maison (absences répétées, mauvaises performances au travail, mauvais résultats, absentéisme scolaire, exclusion, abandon des responsabilités...) ;

- l'incapacité à se passer du produit pendant plusieurs jours ;

- la mise en péril de la santé et de l'équilibre d'autrui (risques que fait encourir une femme enceinte à la santé de son bébé).

LA DÉPENDANCE, ÇA COMMENCE QUAND ?

Brutale ou progressive selon les produits, la dépendance est installée quand on ne peut plus se passer de consommer, sous peine de souffrances physiques ou psychologiques.

La vie quotidienne tourne largement ou exclusivement autour de la recherche et de la prise du produit : on est dépendant.

Il existe deux types de dépendance : la dépendance physique et la dépendance psychologique. Elles peuvent être associées ou non.

La dépendance se caractérise par des symptômes généraux :

- l'impossibilité de résister au besoin de consommer ;
- l'accroissement de la tension interne, de l'anxiété avant la consommation habituelle ;
- le soulagement ressenti lors de la consommation ;
- le sentiment de perte de contrôle de soi pendant la consommation.

La dépendance psychologique

Cet état implique que l'arrêt ou la réduction abrupte de la consommation d'une drogue produit des symptômes psychologiques caractérisés par une préoccupation émotionnelle et mentale reliée aux effets de la drogue et par un besoin intense («craving») et persistant à reprendre la drogue.

Cette privation de la drogue entraîne une sensation de malaise, d'angoisse, allant parfois jusqu'à la dépression. Une fois qu'elle a cessé de consommer, la personne peut mettre du temps à s'adapter à cette vie sans le produit. Cet arrêt bouleverse ses habitudes, laisse un vide et permet la réapparition d'un mal-être que la consommation visait souvent à supprimer. Cela explique la survenue possible de rechutes; elles font partie du lent processus qui, à terme, peut permettre d'envisager la vie sans consommation problématique.

LA DÉPENDANCE PHYSIQUE

Certains produits entraînent une dépendance physique. Cet état implique que l'organisme s'est adapté à la présence continue de la drogue. Lorsque la concentration de la drogue diminue au-dessous d'un certain seuil, l'organisme réclame alors le produit. Cela se traduit par divers symptômes physiques de l'état de manque, appelé également «syndrome de sevrage».

La privation de certains produits tels que les opiacés, le tabac, l'alcool et certains médicaments psychoactifs engendre des malaises physiques qui varient selon le produit : douleurs avec les opiacés, tremblements et convulsions avec l'alcool, les barbituriques et les benzodiazépines .

Ces symptômes peuvent être accompagnés de troubles du comportement (anxiété, angoisse, irritabilité, agitation...).

Lorsqu'une personne cesse de consommer une drogue de manière brutale, ou parfois même de façon progressive, on parle de sevrage. Pour aider la personne dépendante à se libérer du besoin de consommer la substance sans qu'elle souffre trop des effets physiques du manque, il existe actuellement un réseau d'aide médicale et psychologique. On y offre un traitement qui peut prendre la forme d'un sevrage sous contrôle médical ou d'un traitement de substitution. Le suivi et l'accompagnement psychologique apportent une aide précieuse pour surmonter les difficultés du sevrage et faciliter la réhabilitation. Généralement, ce soutien favorise et renforce les résultats attendus.

LA POLYCONSOMMATION : MULTIPLICATION DES PRODUITS ET DES DANGERS

Parfois, les problèmes se compliquent lorsque la même personne consomme plusieurs produits.

La consommation d'un produit entraîne souvent des consommations associées :

- alcool et cigarette ;
- cannabis, tabac et alcool ;
- ecstasy et médicaments psychoactifs, etc.

Deux cas de polyconsommation :
- **La personne fait un usage régulier de plusieurs produits.**
  Exemple : tabac + alcool + anxiolytiques plusieurs fois par semaine.

- **La personne associe plusieurs produits à la fois dans un même moment.**
  Exemple : cannabis, alcool et tabac dans une soirée.

Dans ces deux cas, on parle de polyconsommation. Les dangers sont souvent méconnus. Conjugués, les effets néfastes des produits peuvent être amplifiés, entraînant parfois des risques plus graves pour la santé.

Un lien étroit existe entre la consommation de cigarettes et celle d'autres drogues.
La prise d'alcool, de sédatifs, d'héroïne et d'amphétamines incite à une plus grande consommation de cigarettes.

Plusieurs études démontrent une corrélation entre le degré de dépendance à l'alcool et la dépendance au tabac. Les alcooliques ont tendance à fumer davantage et à subir plus d'échecs lors des tentatives d'arrêter de fumer. Ces exemples illustrent les dangers potentiels de l'association de plusieurs drogues.

La polyconsommation peut conduire à une polytoxicomanie, c'est-à-dire à la dépendance à plusieurs drogues.

CONNAÎTRE L'ACTION DES DROGUES SUR LE CERVEAU

Cocaïne, ecstasy, tabac, alcool, héroïne, médicaments psychoactifs... Tous les produits qui peuvent déclencher une dépendance chez l'homme ont en commun une propriété : **ils augmentent la quantité de dopamine disponible dans une zone du cerveau, le circuit de récompense.**

Une substance psychoactive dont la structure moléculaire ressemble à celle d'une substance produite naturellement par l'organisme peut se fixer à la place de celle-ci sur les récepteurs spécifiques.

SYNAPSE

La structure (anatomie) et le fonctionnement (physiologie) du cerveau humain reposent sur les cellules nerveuses ou neurones. Le système nerveux est constitué d'au moins 100 milliards de neurones formant un agencement de connexions.

Pour passer d'un neurone à un autre, l'influx nerveux se transforme en messages chimiques qui prennent la forme d'une substance sécrétée par le neurone, le neuromédiateur. La connexion entre deux neurones s'effectue au moyen de synapses.

La synapse comporte trois éléments: une partie pré-synaptique qui émet le messager, la fente synaptique où circule le messager et une partie post-synaptique qui reçoit le message chimique.

Il existe différents médiateurs chimiques ou neuromédiateurs (la dopamine, l'adrénaline, la noradrénaline, la sérotonine, l'acétylcholine) qui se lient à des récepteurs spécifiques. Le neuromédiateur traverse l'espace situé entre deux neurones, la fente synaptique. C'est sur ces processus qu'agissent les substances psychoactives.

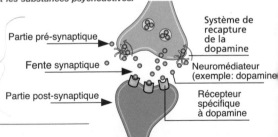

Partie pré-synaptique

Fente synaptique

Partie post-synaptique

Système de recapture de la dopamine

Neuromédiateur (exemple: dopamine)

Récepteur spécifique à dopamine

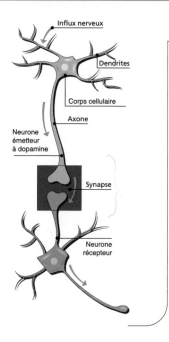

Influx nerveux

Dendrites

Corps cellulaire

Axone

Neurone
émetteur
à dopamine

Synapse

Neurone
récepteur

CONNEXION ENTRE DEUX NEURONES

À l'intérieur du cerveau, les informations circulent sous forme d'activité électrique, appelée influx nerveux ; elles cheminent des dendrites au corps cellulaire, où elles sont traitées, puis du corps cellulaire à l'axone.

3 modes d'action sur le neuromédiateur
selon les substances :

- certaines drogues imitent les neuromédiateurs naturels et donc se substituent à eux sur les récepteurs : la morphine, par exemple, s'installe dans les récepteurs à endomorphine, et la nicotine, dans les récepteurs à acétylcholine ;

- certaines augmentent la sécrétion d'un neuromédiateur naturel : la cocaïne, par exemple, augmente la présence de dopamine, de noradrénaline et de sérotonine dans la synapse, et l'ecstasy, celle de la sérotonine et de la dopamine ;

- certaines bloquent un neuromédiateur naturel : par exemple, l'alcool bloque les récepteurs nommés NMDA.

CERVEAU HUMAIN, RÉGIONS CÉRÉBRALES ET CIRCUITS NEURONAUX (VOIES NERVEUSES)

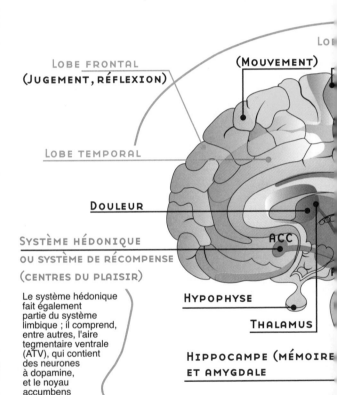

LOBE FRONTAL
(JUGEMENT, RÉFLEXION)

(MOUVEMENT)

LO

LOBE TEMPORAL

DOULEUR

SYSTÈME HÉDONIQUE
OU SYSTÈME DE RÉCOMPENSE
(CENTRES DU PLAISIR)

ACC

HYPOPHYSE

THALAMUS

HIPPOCAMPE (MÉMOIRE ET AMYGDALE

Le système hédonique fait également partie du système limbique ; il comprend, entre autres, l'aire tegmentaire ventrale (ATV), qui contient des neurones à dopamine, et le noyau accumbens (ACC), où ils se projettent.

RIÉTAL

NSATION) LOBE OCCIPITAL

(VISION)

SYSTÈME LIMBIQUE

Le système limbique, ou
cerveau des émotions,
est le lieu où nos réactions
cérébrales les plus primaires
naissent, ainsi que la plupart
des désirs et besoins vitaux,
comme se nourrir, réagir
à l'agression et se reproduire.
Ce système est composé, entre
autres, de l'hypothalamus,
de l'hippocampe et de
l'amygdale.
De ce fait, il existe dans
le cerveau des circuits dont le
rôle est de récompenser ces
fonctions vitales par une
sensation agréable ou de
plaisir.

COORDINATION-CERVELET

MOELLE ÉPINIÈRE

UNE BONNE CLASSIFICATION AIDE À COMPRENDRE

On peut classer les «drogues» ou «substances psychoactives» en cinq grandes catégories :

LES DÉPRESSEURS DU SYSTÈME NERVEUX CENTRAL

Ces substances dépriment les fonctions psychiques d'un individu en diminuant le niveau d'éveil et l'activité générale du cerveau. Elles relaxent leur utilisateur. Celui-ci est alors moins conscient de son environnement. Nous retrouvons chez les dépresseurs les substances suivantes :

- Anxiolytiques, sédatifs et hypnotiques
  (appelés aussi tranquillisants mineurs)
    - benzodiazépines
    - barbituriques...
- Alcools
- Anesthésiques généraux
- Substances volatiles
- Gamma-hydroxybutyrate ou GHB
- Opiacés
    - codéine
    - héroïne
    - méthadone
    - morphine
    - opium...

LES STIMULANTS DU SYSTÈME NERVEUX CENTRAL

Ces substances stimulent les fonctions psychiques d'un individu. Elles augmentent le niveau d'éveil et l'activité générale du cerveau et accélèrent le processus mental. Le consommateur est alors plus alerte et plus énergique. Dans cette catégorie, on distingue :

- Stimulants majeurs
    - amphétamines
    - cocaïne
- Stimulants mineurs récréatifs
    - caféine : présente dans le café, le thé, le cacao, le chocolat, les boissons au cola et diverses préparations pharmaceutiques
    - nicotine : retrouvée dans le tabac et dans certaines préparations pour aider à cesser de fumer

LES PERTUBATEURS DU SYSTÈME NERVEUX CENTRAL

Ces substances, appelées «hallucinogènes» perturbent les fonctions psychiques d'un individu. Elles provoquent des altérations plus ou moins marquées du fonctionnement cérébral, de la perception, de l'humeur et des processus cognitifs. Les substances suivantes se retrouvent dans cette catégorie :

- Canabis et dérivés
  - haschich
  - marijuana
  - tétrahydrocannabinol ou THC
  - nabilone...
- Hallucinogènes
  - kétamine
  - LSD
  - MDMA ou ecstasy
  - mescaline
  - phencyclidine ou PCP
  - psilocybine (dans les champignons magiques)...

LES MÉDICAMENTS PSYCHOTHÉRAPEUTIQUES
- Antipsychotiques ou neuroleptiques (appelés aussi «tranquillisants majeurs»)
- Antidépresseurs
- Stabilisateurs de l'humeur

LES ANDROGÈNES ET STÉROÏDES ANABOLISANTS

Dans la réalité scientifique, les termes «médicament» et «drogue» ont la même signification. D'ailleurs, le terme «drug» est la traduction anglaise du mot «médicament».

Cependant, dans le langage populaire francophone, les gens tendent à distinguer les médicaments des drogues. Ainsi, le terme «médicament» est généralement utilisé pour décrire une substance administrée dans un but thérapeutique (traitement) ou prophylactique (prévention), alors que le terme «drogue» s'applique aux psychotropes consommés dans un contexte illicite.

Dans ce livre, le mot «drogue» désigne toute substance qui modifie le fonctionnement mental (psychotrope) et dont l'usage peut conduire à l'abus ou à la dépendance.

Substance par substance, les effets sur le cerveau

L'alcool est un dépresseur. Il se lie à de nombreux récepteurs biologiques comme les récepteurs à glutamate, GABA, sérotonine, nicotine.
Il perturbe également les fonctions des neurones en altérant la structure de leurs membranes.
Enfin, l'alcool augmente la libération de dopamine dans le système hédonique.

Les amphétamines et leurs dérivés sont des stimulants majeurs. Ils provoquent des augmentations immédiates et importantes de dopamine et de sérotonine dans les synapses, suivies d'un épuisement des stocks de ces neuromédiateurs.

Un très grand nombre d'antidépresseurs agissent directement ou indirectement sur la libération de la dopamine. Ils font partie des médicaments psychoactifs. Ils le font cependant d'une façon très différente de celle des stimulants et n'entraînent pas d'effets agréables immédiats.

Le cannabis entre dans la catégorie des perturbateurs du système nerveux central. Il entraîne une faible libération de dopamine par un mécanisme encore étudié et discuté. Les récepteurs cannabinoïdes sont présents en forte densité dans le système hédonique.

La cocaïne est un stimulant majeur. Elle agit en empêchant la recapture de la dopamine dans les synapses. Ce faisant, elle augmente la présence et donc l'effet de la dopamine dans les synapses du système hédonique.

L'ecstasy est un hallucinogène de la catégorie des perturbateurs du système nerveux central. Il augmente la présence de sérotonine dans les synapses en bloquant sa recapture. Dans une moindre mesure, elle augmente également celle de la dopamine.

L'héroïne est un dépresseur. Elle est transformée dans le cerveau en morphine. Celle-ci se lie aux récepteurs opioïdes naturels (récepteurs des endomorphines). Elle stimule également le système de la dopamine, mais par un mécanisme indirect, en diminuant le contrôle des neurones GABA sur les neurones à dopamine.

La nicotine du tabac est un stimulant mineur. Tout comme toutes les autres substances psychoactives induisant une dépendance, elle accroît la libération de dopamine par certains neurones. La nicotine imite l'action d'un neuromédiateur naturel, l'acétylcholine. Elle se lie aux récepteurs nicotiniques dans le cerveau. La nicotine facilite également la libération des endomorphines, ce qui expliquerait en partie son effet analgésique (contre la douleur).

Les substances psychoactives présentant un risque de dépendance agissent sur un circuit du cerveau dont la fonction est de favoriser les fonctions vitales (système de récompense). Il est impliqué dans la récompense (plaisir cérébral) des comportements liés à la nutrition et à la reproduction de l'espèce. Il participe ainsi à la satisfaction de vivre. Les substances psychoactives stimulent anormalement ce circuit naturel et engendrent à terme la possibilité d'un déséquilibre plus ou moins permanent.

La toxicité potentielle des substances psychoactives, comme celle de tout médicament, est liée à la quantité consommée. Elle varie d'un produit à l'autre. Donc, plus on consomme un produit à des doses toxiques, plus on en subit les conséquences. À l'inverse, moins on consomme un produit, ou si on le consomme à des doses non toxiques, moins on en subit les conséquences néfastes.

HISTORIQUE

DES DROGUES AUX SUBSTANCES PSYCHOACTIVES

L'usage de certaines substances n'est pas récent. En Asie, les feuilles du cannabis sont utilisées à des fins thérapeutiques depuis des millénaires. L'alcool apparaît dès l'Antiquité. La médecine grecque de l'Antiquité utilisait l'opium et en signalait déjà les dangers. Aux XVIe et XVIIe siècles on se servait du tabac pour guérir les plaies. Au XIXe siècle, des chirurgiens employaient la cocaïne.

Utilisés pour soigner et guérir, ces produits (dont l'usage varie selon les cultures et les traditions) étaient aussi employés dans des cérémonies sacrées, des fêtes, afin de modifier l'état de conscience et de renforcer les relations entre les personnes.

Autrefois, le mot «drogue» désignait un «médicament», une préparation des apothicaires (pharmaciens d'autrefois) destinée à soulager un malade. Puis il a été utilisé pour désigner les substances illicites.

AUJOURD'HUI, POUR NOMMER L'ENSEMBLE DE TOUS CES PRODUITS QUI AGISSENT SUR LE CERVEAU, QUE L'USAGE EN SOIT INTERDIT OU RÉGLEMENTÉ, ON EMPLOIE LE TERME DE PSYCHOTROPHES OU DE «SUBSTANCES PSYCHOACTIVES».

ALCOOL PLAISIR OU ALCOOL VIOLENCE,
ALCOOL OUBLI OU ALCOOL FÊTE,
ALCOOL ACCIDENT OU ALCOOL DÉTENTE ?
QU'IMPORTE LE FLACON,
LES CONSÉQUENCES SONT GRAVES.
À LIRE SANS MODÉRATION.

L'ALCOOL, QU'EST-CE QUE C'EST EXACTEMENT ?

L'alcool est obtenu par fermentation de végétaux riches en sucre ou par distillation. On le retrouve dans diverses boissons alcoolisées : bière, vin, cidre, apéritifs, digestifs, spiritueux.

L'ALCOOL

EST UN PRODUIT LICITE
La production, la vente et l'usage sont réglementés

Bière   Vin   Apéritif   Spiritueux

L'ALCOOL EST OBTENU PAR FERMENTATION DE VÉGÉTAUX RICHES EN SUCRE, OU PAR DISTILLATION, ET INTERVIENT DANS LA COMPOSITION DES BOISSONS ALCOOLISÉES : BIÈRE, VIN, CIDRE, APÉRITIFS, DIGESTIFS, SPIRITUEUX.

EFFETS ET DANGERS DE L'ALCOOL

L'alcool est absorbé par le tube digestif. En quelques minutes, le sang le transporte dans toutes les parties de l'organisme.

L'alcool est un dépresseur du système nerveux central. Il détend et désinhibe. À court terme et lorsqu'il est consommé à des doses importantes, il provoque un état d'ivresse et peut entraîner des troubles digestifs, des nausées, des vomissements...
Les effets de l'alcool sur l'organisme sont proportionnels à l'alcoolémie, c'est-à-dire au taux d'alcool dans le sang (voir tableau p. 41).

Les risques sociaux
- diminution de la vigilance, souvent responsable d'accidents de la circulation, d'accidents du travail ;
- pertes de contrôle de soi qui peuvent conduire à des comportements de violence, à des passages à l'acte, agressions sexuelles, suicide, homicide ;
- exposition à des agressions en raison d'une attitude parfois provocatrice ou du fait que la personne en état d'ébriété n'est plus capable de se défendre.

Les risques pour la santé
À plus long terme, l'alcool affecte les principaux organes et l'usager risque de développer de nombreuses pathologies : maladies du système nerveux, troubles psychiques (anxiété, dépression, troubles du comportement), troubles gastro-intestinaux, maladies du foie (cirrhose) et du pancréas (pancréatite), troubles cardiovasculaires (cardiomyopathies), troubles sanguins (hémorragies, anémies), troubles métaboliques (perturbations du taux de sucre dans le sang ; augmentation de l'acide urique dans le sang, entraînant la goutte) ; troubles hormonaux (diminution de la libido, impuissance, infertilité, irrégularités menstruelles) ; diminution de la résistance aux infections et augmentation des risques de développer des cancers (notamment les cancers de la bouche, de la langue, de l'œsophage, de l'estomac et du foie).

ALCOOLÉMIE	ÉTAT DE LA PERSONNE	EFFETS
0 À 50 MG%	COMPORTEMENT NORMAL (ÉTAT DE SOBRIÉTÉ)	Peu d'influence. Parfois anxiolyse (diminution de l'anxiété) et légère désinhibition.
50 À 100 MG%	INTOXICATION LÉGÈRE	Euphorie (sensation de bien-être et de relaxation); désinhibition; personnalité plus loquace, expansive et vivace; diminution progressive de l'attention et du jugement. Atteinte psychomotrice possible.
100 À 200 MG%	– Sous influence – INTOXICATION MODÉRÉE (ÉTAT D'ÉBRIÉTÉ)	Diminution de la mémoire, de la concentration et de la compréhension; affaiblissement des capacités d'attention et de jugement; vision floue; mydriase (dilatation de la pupilles); face chaude et rouge (suite à une dilatation des vaisseaux sanguins cutanés); élocution lourde; perte des retenues; augmentation du temps de réaction; réflexes plus lents; ataxie (incoordination des mouvements)
200 À 300 MG%	INTOXICATION SÉVÈRE (ÉTAT D'IVRESSE AVANCÉE)	Élocution bredouillante; langage incohérent; confusion mentale; désorientation; dépression sensorielle marquée; altération des perceptions des couleurs, des formes, des mouvements et des dimensions; analgésie (diminution de la sensation de douleur); nausées; vomissements; apathie; somnolence alternant avec sautes d'humeur (peur, rancœur, colère, actes impulsifs, violence, etc...); incoordination importante des mouvements
300 À 400 MG%	INTOXICATION TRÈS GRAVE (ÉTAT DE STUPEUR)	Sommeil profond et stupeur (abrutissement accompagné d'engourdissement de la sensibilité et de l'intelligence); diminution importante très marquée des mouvements ; transpiration (peau moite) et hypothermie (peau froide); incontinence urinaire; risque d'aspiration des vomissements.
PLUS DE 400 MG%	COMA OU MORT	Anesthésie; inconscience; absence de réflexes; perte du contrôle sur les sphincters; dépression respiratoire marquée; coma ou mort par arrêt respiratoire.

N.B. Ce tableau n'est qu'indicatif et ne doit pas être interprété comme les caractéristiques absolues d'un individu particulier avec une alcoolémie déterminée. En effet, toutes ces manifestations ne sont pas nécessairement présentes chez une même personne, car les signes et symptômes associés à un taux spécifique d'alcool dans le sang sont très variables d'un sujet à un autre.

Sources: Dubowski 1982; Winek et Esposito, 1985; Ben Amar, Masson et Roy, 1992; Hoobs, Rall et Verdoorn, 1996.

CONSEILS POUR UN USAGE SANS DOMMAGE

Lorsqu'on boit de l'alcool, plus on dépasse les limites indiquées (augmentation des quantités et fréquences de consommation), plus le risque est important.

1 CONSOM-MATION STANDARD = 13,5 G D'ALCOOL PAR CONSOM-MATION

CONSOMMATIONS OCCASIONNELLES

Exceptionnellement, pas plus de 4 verres standard en une seule occasion.

Au-delà de la deuxième consommation chez la femme et de la troisième consommation chez l'homme, le taux d'alcoolémie autorisé pour conduire un véhicule moteur au Québec et au Canada (80 mg%) peut être dépassé. Associée à des médicaments ou à des drogues, une seule dose, même faible, peut avoir des conséquences néfastes immédiates.

CONSOMMATIONS RÉGULIÈRES

- **pour les femmes :**
  pas plus de 2 consommations standard par jour ;

- **pour les hommes :**
  pas plus de 3 consommations standard par jour ;

- au moins un jour par semaine sans aucune boisson alcoolisée.

INÉGAUX FACE À L'ALCOOL

- A poids égal et à consommations égales, l'alcoolémie de la femme est plus élevée que celle de l'homme. Dans ces conditions, la femme est plus vulnérable aux effets de l'alcool pour le même nombre de consommations.

- Face à la consommation d'alcool, chacun réagit différemment selon sa corpulence, son état de santé physique et psychique, et selon le moment de la consommation.

- Le seuil sécuritaire de consommation dépend donc de la personne et du contexte. Quand la consommation s'effectue avec, avant ou après d'autres substances (médicaments, drogues), cette notion de seuil n'a plus cours.

- Boire une grande quantité d'alcool en peu de temps provoque une montée importante du taux d'alcoolémie.
Seul le temps permet de le faire baisser.

- Aux fins de calcul, on considère que l'organisme élimine environ 15 mg% d'alcool par heure. Ainsi, l'élimination complète de 80 mg% d'alcool (la limite légale pour conduire un véhicule moteur au Québec et au Canada) nécessite en moyenne 5 heures et 20 minutes.

CONSEILS

- Retarder le moment de conduire un véhicule ou manipuler une machine dangereuse.
Suivant l'état de fatigue et l'état psychologique (énervement, agitation...), se reposer, dormir, manger, se faire conduire.

- Si on boit sans manger, l'alcool passe beaucoup plus rapidement dans le sang et ses effets sont plus importants.

UNE SEULE DOSE, MÊME FAIBLE,
PEUT AVOIR DES CONSÉQUENCES NÉFASTES IMMÉDIATES.

ALCOOL ET DÉPENDANCE

Certaines personnes risquent de passer d'une consommation récréative contrôlée (usage récréatif), à une consommation excessive non contrôlée (abus) ou à la dépendance.

Les troubles liés à la consommation excessive d'alcool surviennent à des moments très variables selon les individus. Certains vont vivre des ivresses répétées avec de longues interruptions sans devenir pour autant dépendants. Cet usage reste toutefois problématique.

Un consommateur excessif peut évoluer en trois étapes vers la dépendance alcoolique.

• Phase 1 :
aucun dommage majeur.

Les activités professionnelles, sociales et familiales sont globalement conservées. La santé mentale et physique n'est pas altérée de manière significative.

• Phase 2 :
des difficultés d'ordre physique, psychologique, relationnel, social, professionnel, judiciaire apparaissent.

Des atteintes à la santé physique et mentale amène parfois la personne à réduire ou à arrêter momentanément sa consommation (abstinence).

• Phase 3 :
la personne est incapable de réduire ou d'arrêter sa consommation, malgré la persistance des dommages.

De nombreux symptômes peuvent apparaître : tremblements, crampes, anorexie, troubles du comportement. Le consommateur est alors dépendant.

NE PAS CONSOMMER

• pendant l'enfance et la préadolescence ;
• pendant une grossesse ;
• lorsqu'on conduit un véhicule ou prévoit de conduire ou on manipule une machine dangereuse ;
• quand on exerce des responsabilités qui nécessitent de la vigilance ;
• quand on prend certains médicaments.

SERVIS DANS UN BAR OU UN RESTAURANT,

un verre de vin rouge, blanc ou rosé, un bock de bière en fût, une flûte de champagne, un verre de porto, un petit verre de whisky, contiennent tous environ la même quantité d'alcool.

À DOMICILE, LES DOSES SONT TOUTEFOIS PLUS VARIABLES:

les verres ne sont pas tous de la même taille et peuvent être plus ou moins remplis.

IL EST DONC IMPORTANT DE CONNAÎTRE CE QUE REPRÉSENTE UNE CONSOMMATION STANDARD.

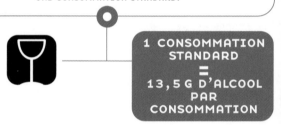

1 CONSOMMATION STANDARD
=
13,5 G D'ALCOOL PAR CONSOMMATION

IL EST IMPORTANT DE SE RAPPELER QUE LES CONSOMMATIONS SUIVANTES CONTIENNENT TOUTES LA MÊME QUANTITÉ D'ALCOOL, SOIT 13,5 GRAMMES D'ALCOOL PAR CONSOMMATION STANDARD:

BIÈRE 5%	**CHAMPAGNE** 12%	**VIN DE TABLE** 12%	**VIN APÉRITIF** 20%	**SPIRITUEU** 40%
341 ML (12 OZ)	142 ML (5 OZ)	142 ML (5 OZ)	85 ML (3 OZ)	43 ML (1,5 OZ)

La consommation d'alcool remonte à l'Antiquité.

La consommation d'alcool remonte au moins à l'ère paléolithique, celle où les premières civilisations humaines utilisant des outils et des pierres taillées ont fait leur apparition. Déjà à l'époque, l'Homo Sapiens obtient des boissons fermentées d'une teneur alcoolique relativement faible, à partir de grains (bière), de jus de fruits (vin) ou de miel (hydromel).

C'est vers l'an 700 que les Arabes découvrent la technique de distillation, laquelle permet d'obtenir les spiritueux, des alcools à très hautes concentrations. Quand celle-ci est introduite en Europe vers l'an 1000, les alchimistes croient que l'alcool est l'élixir de la vie longtemps recherché. L'alcool est alors considéré comme le remède pour pratiquement toutes les maladies tel que le suggère le terme «whisky» qui signifie «eau-de-vie» pour les Irlandais.

Les problèmes sérieux reliés à la consommation d'alcool s'accentuent à partir du 18e siècle avec la production et la distribution en masse des spiritueux, plus particulièrement le gin. L'épidémie de gin qui frappe l'Angleterre à partir de 1720 a des conséquences sociales dramatiques qui conduisent à la naissance des mouvements de tempérance. Leur impact politique conduit les États-Unis à la prohibition en 1919. Le commerce parallèle et la criminalité engendrés par la prohibition amènent sa levée en 1933.

Au cours du 20e siècle, les percées scientifiques ont permis de mieux définir les variables biopsychosociales reliées à l'usage inapproprié de l'alcool. De nos jours, le concept d'alcoolisme et de ses traitements étant mieux circonscrits, plusieurs approches efficaces existent pour lutter contre cette toxicomanie.

AUJOURD'HUI, LA CONSOMMATION EXCESSIVE D'ALCOOL
ET L'ALCOOLISME FRAPPENT DE NOMBREUX
PAYS EN DÉVELOPPEMENT.

LES CHIFFRES
DE NOTRE RÉALITÉ

- En 1998-1999, les Québécois ont acheté en moyenne 111,1 litres d'alcool : 94,4 litres de bière ; 14,2 litres de vin et 2,6 litres de spiritueux. Après le Yukon et l'Alberta, le Québec se classe au troisième rang au Canada qui affiche un taux moyen de 102,6 litres d'alcool/habitant : 85,3 litres de bière ; 11,2 litres de vin et 6,1 litres de spiritueux.

- En 1998, 87% des Québécois âgés de 15 ans et plus (92% des hommes et 82% des femmes) ont consommé de l'alcool au cours de leur vie et 81% (86% des hommes et 77% des femmes) au cours de la dernière année.

- En 1998, la consommation moyenne des Québécois âgés de 15 ans et plus était de 5 consommations par semaine (6,6 pour les hommes et 3,1 pour les femmes). 10% des Québécois âgés de 15 ans et plus avaient consommé 14 consommations ou plus par semaine (15% d'hommes et 5% de femmes).

- En 1996-1997, 77% des Canadiens âgés de 15 ans et plus ont pris de l'alcool au cours de la dernière année. Cette consommation moyenne était de 3,5 consommations par semaine (5 pour les hommes et 2 pour les femmes). 18% des Canadiens âgés de 15 ans et plus avaient consommé hebdomadairement plus que le seuil recommandé (14 consommations/semaine et moins pour les hommes ; 9 consommations/semaine et moins pour les femmes).

QUE PRÉVOIT LA LOI ?

L'alcool est un produit licite dont la production, la vente et l'usage sont principalement régis par la «Loi sur les aliments et drogues». L'importation, l'exportation, l'imposition des taxes et la publicité électronique des produits de l'alcool sont de compétence fédérale. La commercialisation, la promotion publicitaire et la vente des produits destinés à être consommés à l'extérieur des points de vente sont de juridiction provinciale.

L'établissement des prix, l'âge légal de consommation et l'interdiction de vente aux personnes intoxiquées caractérisent de telles mesures législatives, de même que l'interdiction de consommer ou de s'intoxiquer sur la voie publique. Par contre, l'âge légal pour consommer de l'alcool est soumis à certaines exceptions comme la consommation d'alcool dans le cadre d'un rituel religieux ou la supervision parentale à l'intérieur d'une résidence. L'interdiction pour les commerçants du Québec de vendre de l'alcool après 23 heures est un autre exemple de cette législation.

CONDUITE AVEC FACULTÉS AFFAIBLIES

Le Code criminel stipule que quiconque conduit un véhicule moteur alors que ses facultés sont affaiblies par l'alcool ou la drogue commet une infraction (article 253). La loi fédérale régissant la conduite avec facultés affaiblies reconnaît quatre infractions distinctes :

• conduire, opérer ou avoir la garde ou le contrôle d'un véhicule motorisé avec une

alcoolémie supérieure à 80 milligrammes d'alcool par cent millilitres de sang ;
- conduire, opérer ou avoir la garde ou le contrôle d'un véhicule motorisé sous l'influence de l'alcool ou d'une drogue ;
- conduire avec les facultés affaiblies et causer la mort ou des blessures corporelles ;
- refuser de fournir un échantillon d'haleine ou de sang sans motif valable.

Ces infractions ont une grande portée puisqu'elles n'ont aucune restriction géographique (jardins privés, stationnements, etc.), s'appliquent à tout véhicule motorisé (même une tondeuse) et touchent toute personne ayant «la garde ou le contrôle» du véhicule moteur.

Au Québec, l'alcool demeure la première cause des accidents de la route. Afin d'améliorer le bilan routier, des changements au Code de la sécurité routière ont été apportés en décembre 1997 pour les conducteurs interceptés avec les capacités affaiblies. Quiconque conduit un véhicule avec un taux d'alcoolémie dépassant 80 mg % commet une infraction au Code criminel. De plus, il est interdit à tout titulaire d'un permis d'apprenti conducteur ou d'un permis probatoire de conduire après avoir consommé de l'alcool. Les sanctions prévoient :

- La suspension sur-le-champ du permis
- Un permis restreint obligeant l'utilisation d'un dispositif détecteur d'alcool
- L'obligation de suivre un programme d'éducation ou, pour les récidivistes, de se soumettre à une évaluation de leur comportement
- Des amendes

AMPHÉTAMINES

PRODUIT
ILLICITE

LES AMPHÉTAMINES (SPEED OU ICE OU CRISTAL) SONT DES STIMULANTS PUISSANTS ET DES COUPES-FAIM.

Elles se présentent sous forme de comprimés ou de poudre à sniffer. Elles sont très souvent coupées avec d'autres produits. Elles font partie des stimulants majeurs. Leurs effets s'apparentent à ceux de la cocaïne.

L'association avec de l'alcool ou d'autres substances psychoactives comme l'ecstasy (MDMA) accroît les risques.

Stimulants physiques, elles suppriment la fatigue et donnent l'illusion d'être invincible. Les effets durent plusieurs heures.

Leur consommation peut entraîner une altération de l'état général par la dénutrition et par l'éveil prolongé conduisant à un état d'épuisement, une grande nervosité et, parfois, des troubles psychologiques (psychose, paranoïa).

On peut assister à l'apparition de problèmes cutanés importants (boutons, acné majeure).

La descente peut être difficile, provoquer une crispation des mâchoires, des crises de tétanie, des crises d'angoisse, un état dépressif, et comporter même parfois des risques suicidaires.

Ces produits s'avèrent très dangereux en cas de dépression, de problèmes cardiovasculaires et d'épilepsie.

LES CHIFFRES DE NOTRE RÉALITÉ

- En 1998, 1,3% des Québécois âgés de 15 ans et plus ont consommé des amphétamines (incluant l'ecstasy) au cours de l'année précédente.

- Une enquête effectuée au Québec auprès de 1808 adolescents (929 filles et 879 garçons), âgés entre 14 et 17 ans, révèle que 6,1% des filles et 3,2% des garçons ont déjà essayé les amphétamines.

- Une autre étude effectuée à Montréal chez les jeunes de la rue dévoile que 31% d'entre eux ont consommé des amphétamines au cours de leur vie et que 8% en ont fait l'usage dans les 30 jours précédant l'enquête.

QUE PRÉVOIT LA LOI ?

Les amphétamines sont inscrites à l'annexe III de la «Loi réglementant certaines drogues et autres substances».

Leur possession, trafic, possession en vue de trafic, production, importation et exportation sont illégaux.

DE PLUS EN PLUS RÉPANDU,
L'USAGE DU CANNABIS CONCERNE
AUSSI BIEN LES JEUNES
QUE LES MOINS JEUNES.
QUELS EN SONT LES DANGERS RÉELS ?

Le cannabis est le produit illicite le plus consommé dans notre société, au point qu'on ne sait plus si le cannabis est légal ou pas et quels en sont les dangers réels.

LE CANNABIS, QU'EST-CE QUE C'EST ?

Le principe actif du cannabis responsable des effets psychotropes est le THC (tétrahydrocannabinol), inscrit sur la liste de la «Loi réglementant certaines drogues et autres substances».
Sa concentration est très variable selon les préparations et la provenance du produit.

À QUOI ÇA RESSEMBLE ?

• **La marijuana (pot, mari, marijane, herbe)**
Feuilles, tiges et sommités fleuries, simplement séchées. Se fume telle quelle ou mélangée à du tabac, roulée en cigarette souvent de forme conique (le joint, le pétard, le bat, le billot...).

Cannabis séché

Résine de cannabis

LE CANNABIS EST UNE PLANTE. IL SE PRÉSENTE SOUS TROIS FORMES : LA MARIJUANA, LE HASCHICH ET L'HUILE.

LE CANNABIS

UN PRODUIT ILLICITE

• Le haschich (hasch)

Résine de la plante, obtenue généralement en frottant les feuilles avec les mains et en y ajoutant la poudre provenant des plants séchés et secoués. Se présente sous la forme de plaques compressées, de morceaux de couleur brune, noire, jaunâtre ou verdâtre selon les régions de production. Se fume généralement mélangé à du tabac sous forme de cigarette («le joint») ou à l'aide d'une pipe. Le haschich est fréquemment coupé avec d'autres substances plus ou moins toxiques comme le henné, le cirage, la paraffine...

• Les huiles de marijuana ou de haschich

Extraits huileux provenant de la marijuana ou du haschich. Préparations généralement plus concentrées en principe actif. Elles sont habituellement déposées sur le papier à cigarette ou directement imprégnées dans du tabac, puis fumées.

EFFETS ET DANGERS DU CANNABIS

Le cannabis est un perturbateur du système nerveux central. Les effets de la consommation de cannabis sont variables : euphorie (sensation de bien-être), accompagnée d'un sentiment d'apaisement et d'une envie spontanée de rire, légère somnolence. Les usagers de tous âges consomment généralement pour le plaisir et la détente.

Des doses fortes entraînent rapidement des difficultés à accomplir diverses tâches, perturbent la perception du temps, la perception visuelle et la mémoire immédiate, et provoquent une léthargie.

Ces effets peuvent être dangereux si l'on conduit un véhicule moteur ou si l'on manipule certaines machines dangereuses.

Les principaux effets physiques du cannabis peuvent provoquer, selon la personne, la quantité consommée et la composition du produit :
- un gonflement des vaisseaux sanguins (yeux rouges) ;
- une diminution de la salivation (bouche sèche) ;
- une augmentation du rythme du cœur (tachycardie) ;
- une diminution de la pression artérielle en position debout (hypotension posturale) ;
- une baisse du taux de sucre sanguin (hypoglycémie).

Même si les effets nocifs du cannabis sur la

santé sont, à certains égards, moins importants que ceux d'autres substances psychoactives, l'appareil respiratoire est exposé aux risques associés au fait de fumer du tabac (nicotine et goudrons toxiques), car le joint est souvent composé d'un mélange de tabac et de cannabis. A poids égal, le cannabis fumé fournit 50% de plus de goudron qu'une marque populaire de tabac fort. En outre, la concentration de certains agents cancérigènes retrouvés dans le goudron de marijuana est plus élevée que celle d'un même poids de goudron de tabac. Enfin, une cigarette de cannabis est habituellement inhalée plus profondément et retenue plus longtemps dans les poumons qu'une cigarette ordinaire. Ainsi, une cigarette de cannabis peut théoriquement causer autant de problèmes pulmonaires que 4 à 10 cigarettes ordinaires.

Une dépendance psychologique est parfois constatée lors d'une consommation régulière et fréquente : les préoccupations sont centrées sur l'obtention du produit.

Certains effets, souvent mal perçus par la population et les consommateurs, ont des conséquences importantes et révèlent l'existence d'un abus :

• syndrome d'amotivation caractérisé par des difficultés de concentration, une perte d'intérêt et d'ambition, une diminution de la performance à l'école et au travail... ;

• dépendance psychologique parfois constatée lors d'une consommation régulière et fréquente : préoccupations centrées sur l'obtention du produit ;

• risques sociaux pour l'usager et son entourage liés aux contacts avec des circuits illicites pour se procurer le produit ;

- chez certaines personnes plus fragiles, le cannabis peut déclencher des hallucinations ou des modifications de perception et de prise de conscience d'elles-mêmes : dédoublement de la personnalité, sentiment de persécution. Ces effets peuvent se traduire par une forte anxiété.

Un abus de cannabis peut favoriser la survenue de troubles psychologiques.

CANNABIS ET DÉPENDANCE

L'usage répété et l'abus de cannabis entraînent une dépendance psychologique modérée.

En revanche, les experts s'accordent à dire que la dépendance physique est légère.

Toutefois, un usage régulier, souvent révélateur de problèmes, est préoccupant, surtout lorsqu'il s'agit de très jeunes usagers.

ORIGINAIRE DES CONTREFORTS DE L'HIMALAYA, LE CANNABIS (OU CHANVRE INDIEN) A ÉTÉ UTILISÉ PAR L'HOMME DEPUIS DES MILLÉNAIRES EN EXTRÊME-ORIENT ET AU MOYEN-ORIENT.

Cultivé pour ses fibres destinées à la fabrication de cordages, de papiers et de tissus, sa résine était utilisée autrefois comme médication pour soulager les spasmes, les troubles du sommeil, la douleur.

Introduit en Europe au début du XIXe siècle par les soldats de Bonaparte et par des médecins anglais de retour des Indes, le cannabis fut utilisé en médecine pour le traitement des migraines, des douleurs diverses, des spasmes musculaires, de l'asthme, de l'arthrite et de l'épilepsie.

Aujourd'hui, les propriétés thérapeutiques du THC sont reconnues scientifiquement pour les utilisations suivantes :

• stimulant de l'appétit lors de maladies telles le SIDA et le cancer ;
• contre les nausées et les vomissements associés à la chimiothérapie anticancéreuse ;
• contre la douleur ;
• antispasmodique et relaxant musculaire.

Au Québec et au Canada, certains malades ont accès au cannabis à des fins médicales.

LES CHIFFRES DE NOTRE RÉALITÉ

- En 1998, 13,5% des Québécois âgés de 15 ans et plus ont consommé du cannabis au cours de l'année précédente, comparativement à une proportion de 8,2% en 1992-1993 et de 6,5% en 1989.

- Une enquête effectuée au Québec auprès de 1808 adolescents (929 filles et 879 garçons), âgés entre 14 et 17 ans, révèle que 49,9% des filles et 44,2% des garçons ont déjà essayé la marijuana, celle-ci étant la drogue illicite la plus consommée.

- On estime actuellement que 1,5 million de Canadiens fument la marijuana pour leur plaisir et près de 400 000 Canadiens fument le cannabis pour des raisons médicales.

- Le cannabis est la substance illicite dont l'usage est le plus répandu dans le monde.

QUE PRÉVOIT LA LOI ?

- Depuis 1997, le cannabis (haschich et marijuana) est régi par la «Loi réglementant certaines drogues et autres substances». Selon les quantités impliquées, il est inscrit aux annexes II, VII et VIII de cette loi.

- Selon cette loi, la possession illégale, le trafic, la possession en vue de trafic, la production, l'importation et l'exportation sont illégaux.

- Depuis le 31 juillet 2001, le Règlement sur l'accès à la marijuana à des fins médicales permet aux patients québécois et canadiens atteints de maladies graves d'être admissibles à la consommation thérapeutique de marijuana. Après approbation obligatoire d'un médecin, trois catégories de patients peuvent consommer la marijuana à des fins médicales. Ces patients peuvent aussi obtenir un permis pour la cultiver ou désigner quelqu'un qui le fait à leur place.

- Le gouvernement du Canada examine actuellement les principes directeurs d'une nouvelle politique publique sur le cannabis. À cette fin, un comité spécial du Sénat sur les drogues illicites a été constitué en avril 2000. Ce comité, présidé par l'Honorable Sénateur Pierre Claude Nolin, représentant le Québec, déposera ses recommandations à la fin août 2002.

- Pourcentage des infractions de possession de cannabis qui ont fait l'objet d'une poursuite (mise en accusation)

	Québec	Canada
En 1996	65,1%	59,2%
En 1997	56,7%	55,6%

- Au Québec, en 1996 et 1997, 90% des individus poursuivis pour possession de cannabis sont des hommes et 20% sont des mineurs.

- Au Québec, en 1998, 55,6% des mises en accusation pour possession de drogues sont reliées à la possession de cannabis.

- Au Canada, moins de 1% des utilisateurs de cannabis sont arrêtés chaque année.

COCAÏNE

AVEC LA COCAÏNE TOUT AUGMENTE, LES CONSOMMATIONS ET LES RISQUES AUSSI.

LA COCAÏNE, QU'EST-CE QUE C'EST, À QUOI ÇA RESSEMBLE ?

La cocaïne se présente habituellement sous la forme d'une poudre blanche plus ou moins fine.
Elle est extraite des feuilles de cocaïer.
Elle peut être prisée (la ligne de coke est reniflée), injectée par voie intraveineuse ou fumée.

La cocaïne est fréquemment mélangée à d'autres substances, ce qui peut accroître sa dangerosité et potentialiser les effets et les interactions entre des produits dont on ne connaît pas la nature.

EFFETS ET DANGERS DE LA COCAÏNE

La cocaïne est un stimulant du système nerveux central. L'usage de cocaïne provoque une euphorie fébrile, un sentiment de puissance intellectuelle et physique et une suppression de la fatigue, de l'appétit et de la douleur.

LA COCAÏNE EST EXTRAITE DES FEUILLES DE COCA PRÉALABLEMENT SÉCHÉES.

LA COCAÏNE

UN PRODUIT ILLICITE

Cet état de stimulation est souvent accompagné d'une certaine agitation et d'anxiété.

Après la période d'euphorie, une sensation de malaise (dysphorie), accompagnée d'anxiété s'installe. Cet état pousse le consommateur à répéter la prise selon un horaire plus ou moins régulier (exemple : une ligne aux 30 minutes). Au fur et à mesure que la consommation progresse, l'anxiété et l'agitation augmentent. L'usager a alors souvent recours à la prise concomitante de «tranquillisants» (alcool, cannabis) pour réduire ces symptômes. Lorsque le consommateur interrompt la prise de cocaïne, il peut faire appel à divers dépresseurs (alcool, cannabis, benzodiazépines, plus rarement l'héroïne) pour accéder au sommeil.

La cocaïne provoque :
• une contraction de la plupart des vaisseaux sanguins. Les tissus, insuffisamment irrigués, s'appauvrissent et, par conséquent, meurent. C'est souvent le cas de la cloison nasale qui peut même être perforée chez les usagers réguliers ;

- des troubles du rythme cardiaque et une hypertension arté-rielle. Ils peuvent être à l'origine d'accidents cardiovasculaires, notamment chez des personnes fragiles ou celles qui consomment de fortes quantités de tabac ou de cannabis. La consommation de tabac, d'alcool et de cannabis est souvent augmentée lors des prises de cocaïne.

- Chez les personnes plus sensibles, ou lors de la consommation de doses importantes, la cocaïne peut provoquer des troubles psy-chologiques, une grande instabilité de l'humeur, des délires para-noïdes, des hallucinations (surtout auditives) ou des attaques de panique. De plus, la cocaïne provoque parfois une psychose toxique, laquelle est caractérisée par une perte de contact avec la réalité. Le comportement de l'individu intoxiqué devient alors impré-visible et potentiellement dangereux.

- Une augmentation de l'activité psychique et, par conséquent, des insomnies, des phases d'excitation et des troubles de mémoire.

Une autre caractéristique de la cocaïne est de lever les inhibi-tions, ce qui peut conduire à commettre des actes de violence, des agressions sexuelles, des dépenses compulsives, etc. La sensation de «toute-puissance» entraînée par la cocaïne en fait un produit qui facilite le passage à l'acte.

Par ailleurs, les matériels utilisés pour renifler peuvent trans-mettre les virus des hépatites A, B et C, s'ils sont partagés entre plusieurs usagers. En cas d'injection, le matériel partagé peut aussi transmettre le virus du SIDA.

COCAÏNE ET DÉPENDANCE

Stimulant puissant, la cocaïne provoque une dépendance psychologique importante.

Il est alors très difficile d'arrêter une consommation de cocaïne, tant la nécessité d'en reprendre est importante. L'apaisement, même avec la consommation d'une autre substance, est très difficile.

ORIGINAIRE DES ANDES, LE COCA EST UN ARBRISSEAU CULTIVÉ EN AMÉRIQUE DU SUD, EN INDONÉSIE ET DANS L'EST AFRICAIN.

Dans les sociétés précolombiennes, la coca servait de plante médicinale, de drogue stimulante, d'objet rituel et de taxe d'imposition.

Dans les pays andins, les feuilles de coca sont consommées sous forme d'une chique que l'on mastique pendant quelques heures. Cette utilisation entraîne chez le consommateur une diminution des sensations de faim, de fatigue et de froid. Elle ne représente généralement pas un problème de toxicomanie.

Au début du XVIe siècle, les conquérants espagnols donnèrent ce stimulant aux peuples indigènes exploités dans les mines.

En 1860, William Lossen détermine la structure chimique de la cocaïne. Plus tard, des dérivés de la cocaïne sont utilisés pour diverses applications médicales. Dès 1880, la cocaïne devient populaire aux État-Unis et en Europe. Elle est contenue dans diverses boissons toniques, dont le Coca-Cola. À la suite de nombreux problèmes de santé, la vente de cocaïne est sévèrement régie à partir de 1906.

DEPUIS DES DÉCENNIES, LA CONSOMMATION DE COCAÏNE S'EST PROGRESSIVEMENT RÉPANDUE NOTAMMENT SOUS L'INFLUENCE DES CARTELS SUD-AMÉRICAINS.

UN DÉRIVÉ DE LA COCAÏNE : LE CRACK OU ROCK

Le crack ou rock est de la cocaïne sous forme de base libre (free base). Il est obtenu en chauffant la cocaïne avec du bicarbonate de sodium et de l'eau. Il se présente sous forme de petites roches.

L'usager en inhale la fumée après les avoir chauffées. Cette opération provoque des craquements, origine de son nom.

Ce mode de consommation provoque des effets immédiats et beaucoup plus intenses que ceux de la cocaïne prisée : le produit arrive plus rapidement au cerveau, la durée de l'effet euphorisant est plus brève et la descente est beaucoup plus désagréable. Ses effets sont semblables à ceux de la cocaïne injectée.

L'usage régulier de crack peut provoquer des hallucinations et entraîner des comportements violents, des épisodes paranoïdes, des idées suicidaires et une psychose toxique.

L'usage régulier de crack peut provoquer :
- des dommages au cerveau ;
- de graves atteintes des voies respiratoires ;
- des arrêts respiratoires ou cardiaques pouvant entraîner la mort.

Sa consommation régulière crée rapidement une dépendance psychologique très forte et persistante. Les usagers, même après avoir cessé d'en consommer, restent souvent soumis à des altérations de l'humeur et connaissent pendant plusieurs mois des épisodes de rechute éventuels.

LE CRACK

UN PRODUIT ILLICITE

LES CHIFFRES
DE NOTRE RÉALITÉ

• En 1998, 1,6% des Québécois âgés de 15 ans et plus ont consommé de la cocaïne au cours de l'année précédente.

• En 1997, 46 décès attribués à la cocaïne sont enregistrés au Québec.

• Une enquête effectuée au Québec auprès de 1 808 adolescents (929 filles et 879 garçons), âgés entre 14 et 17 ans, révèle que 3,9% des filles et 2,9% des garçons ont déjà essayé la cocaïne.

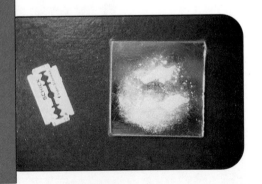

QUE PRÉVOIT LA LOI ?

- La cocaïne est inscrite à l'annexe I de la «Loi réglementant certaines drogues et autres substances».

- Sa possession, trafic, possession en vue de trafic, production, importation et exportation sont illégaux.

- En 1998, au Québec, 34% des mises en accusation pour possession de drogues sont reliées à la possession de cocaïne.

- En 1996, au Canada, la cocaïne représentait 17% des 65 106 infractions reliées aux drogues traitées par les tribunaux.

PILULES-PERFORMANCES, PILULES-FÊTES, POTIONS MAGIQUES ? DE PLUS EN PLUS RÉPANDUE DANS LE MONDE, L'ECSTASY POUR CERTAINS NE SERAIT MÊME PAS UNE DROGUE. AH BON ? LE POINT SUR DES PILULES CHIMIQUES DONT LES DANGERS ONT ÉTÉ SOUS-ESTIMÉS.

L'ECSTASY, QU'EST-CE QUE C'EST ?

L'ecstasy désigne à l'origine une molécule chimique particulière, la MDMA (3,4 méthylènedioxyméthamphétamine), responsable des effets psychoactifs.

La composition d'un comprimé présenté comme étant de l'ecstasy est souvent incertaine ; la molécule MDMA n'est pas toujours présente ou peut être mélangée à d'autres substances : amphétamines, hallucinogènes, analgésiques (substances qui atténuent ou suppriment la douleur), anabolisants. L'ecstasy peut également être coupée avec de la caféine, de l'amidon, des détergents, du savon... !

*Cachet vendu sous
l'appellation Ecstasy*

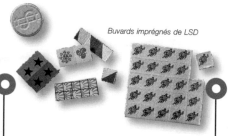

Buvards imprégnés de LSD

L'ECSTASY FAIT PARTIE
D'UNE NOUVELLE SÉRIE
DE SUBSTANCES APPARUES
AVEC L'ÉVOLUTION DE LA CHIMIE :
LES NOUVELLES DROGUES.

L'ECSTASY

PRODUIT
ILLICITE

À QUOI ÇA RESSEMBLE ?

L'ecstasy se présente sous la forme de comprimés de couleurs et de formes variées, ornés d'un motif.

L'apparition massive de l'ecstasy est notamment associée à l'émergence du mouvement musical techno et à l'organisation de «party rave». Aujourd'hui, ce produit est consommé dans d'autres lieux festifs tels que les boîtes de nuit, les bars, etc.

Depuis une dizaine d'années, on assiste au Québec à un développement de la consommation d'ecstasy.

EFFETS ET DANGERS DE L'ECSTASY

L'ecstasy est un hallucinogène de la catégorie des perturbateurs du système nerveux central. Les usagers d'ecstasy recherchent la sensation d'énergie, de performance et la suppression de leurs inhibitions (les blocages, les défenses et les interdictions tombent). À l'effet de plaisir et d'excitation s'ajoute une sensation de liberté dans les relations avec les autres.

L'ecstasy provoque tout d'abord une légère anxiété, une augmentation de la tension artérielle, une accélération du rythme cardiaque et la contraction des muscles de la mâchoire ; la peau devient moite, la bouche sèche. Cette première phase d'intoxication est appelée «weird period». Suit l'euphorie, c'est-à-dire une sensation de bien-être et de plaisir. Elle s'accompagne d'une relaxation, d'une exacerbation des sens et d'une impression de se comprendre et d'accepter les autres. Compte tenu de cet effet particulier, cet hallucinogène-stimulant est également considéré comme entactogène (qui permet de toucher l'intérieur).

L'usage de l'ecstasy provoque une déshydratation de l'organisme et une hausse de la température, d'où la nécessité de maintenir une hydratation suffisante et de s'aérer, si le consommateur se trouve dans une ambiance surchauffée et fait un effort physique intense. Il est important de boire régulièrement de petites quantités de liquide, d'uriner fréquemment et de prendre des périodes de repos régulières.

Il arrive que l'usager ressente, trois ou quatre jours après la prise, des états d'anxiété ou un état dépressif nécessitant une consultation médicale.

Une consommation régulière et fréquente amène certains à maigrir et à s'affaiblir ; l'humeur devient instable, entraînant parfois des comportements agressifs. Cette consommation peut révéler ou entraîner des troubles psychologiques sévères et durables.

En cas d'association avec d'autres substances, les risques sont accrus.
Les risques de complication semblent augmenter avec la dose, la composition du produit et la vulnérabilité de l'usager.
Les personnes qui suivent un traitement médical s'exposent à des effets dangereux, à cause des interactions médicamenteuses qui risquent de se produire, notamment avec l'aspirine, certains médicaments anti-VIH et certains antidépresseurs.

La consommation d'ecstasy est particulièrement dangereuse pour les personnes qui souffrent de troubles du rythme cardiaque, d'asthme, d'épilepsie, de problèmes rénaux, de diabète, d'asthénie (fatigue) et de problèmes psychologiques.

Les travaux scientifiques, principalement réalisés chez l'animal, suggèrent une possible dégénérescence des cellules nerveuses. On ne sait toutefois pas si elle est réversible. Elle pourrait entraîner à long terme des maladies dégénératives ou des troubles responsables d'une dépression.

ECSTASY ET DÉPENDANCE

Chez certains usagers, l'ecstasy peut provoquer une dépendance psychologique. En ce qui concerne la dépendance physique, les appréciations varient selon les experts. Compte tenu du fait que la majorité des consommateurs prennent cette drogue de façon sporadique, la dépendance est peu marquée.

LES DROGUES DE SYNTHÈSE ET DROGUES D'AUJOURD'HUI

L'ecstasy fait partie d'une nouvelle série de substances apparues avec l'évolution de la chimie : les nouvelles drogues.

Elles sont synthétisées par des chimistes dans des laboratoires clandestins. Pour éviter de tomber sous le coup de la loi, ces trafiquants créent des produits nouveaux en modifiant les molécules, d'où l'arrivée sur le marché des nouvelles drogues.

LA MDMA A ÉTÉ SYNTHÉTISÉE PAR LES LABORATOIRES MERCK EN 1912. ELLE A ÉTÉ UTILISÉE DANS UN BUT MILITAIRE: IL S'AGISSAIT D'AMPLIFIER CERTAINS EFFETS DES AMPHÉTAMINES.

L'ecstasy n'a jamais obtenu d'autorisation de mise sur le marché. On a ponctuellement utilisé la MDMA en psychiatrie dans les années 1970 en Californie afin de facilité la psychothérapie. À partir des années 1970 aux État-Unis et plus récemment en Europe, la MDMA est utilisée à des fins récréatives, lors des soirées appelées «party rave».

LES CHIFFRES DE NOTRE RÉALITÉ

- Depuis une dizaine d'années, on assiste au Québec et au Canada à un développement de la consommation d'ecstasy.

- En 1998, 1,3% des Québécois âgés de 15 ans et plus ont consommé de l'ecstasy ou d'autres amphétamines au cours de l'année précédente.

- Une étude conduite en 1997 auprès d'étudiants montréalais du niveau secondaire révèle que 2,2% d'entre eux ont déjà consommé de l'ecstasy au cours de leur vie.

QUE PRÉVOIT LA LOI ?

L'ecstasy est inscrit à l'annexe III de la «Loi réglementant certaines drogues et autres substances».

Sa possession, trafic, possession en vue de trafic, production, importation et exportation sont illégaux.

- Au Canada, la GRC saisissait, en 1998, 69 000 comprimés d'ecstasy. En 2000, elle en saisissait 1,2 million.

GHB

Le gamma-hydroxybutyrate est connu sous de nombreuses appellations dont les plus courantes sont GHB, Liquid Ecstasy, Fantasy, Liquid X, Scoop ...

Il est vendu en liquide, en poudre, en capsules ou en granulés à dissoudre dans l'eau. Dissout dans un verre de boisson alcoolisée, il n'a ni odeur ni saveur (à peine un léger goût salé et savonneux).

En Europe, il est encore utilisé en anesthésie et pour certaines autres applications thérapeutiques. Il est utilisé à des fins non médicales ou abusivement depuis une dizaine d'années. Aujourd'hui, sa vente est illégale au Québec et au Canada. Il est cependant facile à fabriquer clandestinement à l'échelle individuelle et ses précurseurs chimiques sont très accessibles.

Son utilisation est devenue festive et parfois criminelle, d'où son nom de «date rape drug» (drogue de viol), en raison des propriétés de la molécule : amnésie, état semblable à l'ébriété, délais d'action très courts. Par ailleurs, le butanediol, molécule apparentée au GHB et présente dans l'industrie chimique (fabrication de résines, polyuréthane...), est utilisé, puisqu'il se transforme dans l'organisme en GHB. Des cas de coma ont été observés notamment lors d'une absorption simultanée d'alcool.

LES CHIFFRES DE NOTRE RÉALITÉ

Une étude conduite en 1997 auprès d'étudiants montréalais du niveau secondaire révèle que 0,2% d'entre eux ont déjà consommé du GHB au cours de leur vie.

QUE PRÉVOIT LA LOI ?

Le GHB est inscrit à l'annexe III de la «Loi réglementant certaines drogues et autres substances».

Sa possession, trafic, possession en vue de trafic, production, importation et exportation sont illégaux.

En 1999, la GRC mettait à jour 19 laboratoires clandestins destinés à la fabrication de «drogues de design» au Canada.

HÉROÏNE

TOUT SAVOIR SUR UNE SUBSTANCE DONT LE NOM FAIT DÉJÀ PEUR. POURQUOI ?

L'HÉROÏNE, QU'EST-CE QUE C'EST ?

L'héroïne est un opiacé puissant obtenu à partir de la morphine.
Les opiacés sont extraits ou dérivent de l'opium, le latex séché obtenu des capsules d'une plante, le pavot.

À QUOI ÇA RESSEMBLE ?

L'héroïne se présente sous la forme d'une poudre blanche, beige ou brune. Elle est la plupart du temps injectée par voie intraveineuse, après dilution et chauffage. L'héroïne est également sniffée et fumée.

EFFETS ET DANGERS DE L'HÉROÏNE

L'héroïne est un dépresseur du système nerveux central. Elle provoque une euphorie tranquille, l'apaisement et une sensation d'extase. Elle manifeste également des propriétés anxiolytiques et antidépressives. Les effets recherchés traduisent parfois un malaise psychique, une souffrance, un besoin d'oubli.

Héroïne de différentes qualités

L'HÉROÏNE EST UN OPIACÉ PUISSANT, OBTENU À PARTIR DE LA MORPHINE.
LES OPIACÉS SONT DES SUBSTANCES NATURELLES CONTENUES DANS LE LATEX (OPIUM) RECUEILLI SUR UNE PLANTE, LE PAVOT.

L'HÉROÏNE
UN PRODUIT ILLICITE

Injectée, l'effet immédiat de l'héroïne est de type «orgasmique». C'est le «rush». Il est suivi d'une sensation d'euphorie et de somnolence, accompagnée parfois de nausées, de vertiges, ainsi que d'un ralentissement du rythme cardiaque et respiratoire.

Lors d'un usage répété, le plaisir intense des premières consommations ne dure en général que quelques semaines. Cette phase est souvent suivie d'un besoin d'augmenter la quantité du produit et la fréquence des prises. La place alors accordée à cette consommation est telle qu'elle modifie totalement la vie quotidienne de l'usager.

Des troubles peuvent apparaître, incluant l'insomnie et l'anorexie.

La dépendance s'installe rapidement dans la majorité des cas. L'héroïnomane alterne entre des états d'euphorie ou de soulagement (lorsqu'il est sous l'effet de l'héroïne) et des états de manque qui provoquent de l'anxiété, de l'agitation et plusieurs symptômes physiques.

La dépendance à l'héroïne entraîne des risques sociaux importants. Elle enclenche un processus de marginalisation chez plusieurs usagers.

Le surdosage (surdose ou overdose) de l'héroïne provoque une dépression respiratoire, une perte de connaissance et éventuellement la mort (chez environ 1 % des héroïnomanes par année).

L'injection entraîne des risques d'infection (notamment par les virus du SIDA et des hépatites B et C) si l'usager ne se sert pas d'un matériel d'injection stérile, à usage unique.

GESTES D'URGENCE : tenir éveillée la personne encore consciente en attendant les secours d'Urgences Santé.
En cas d'inconscience, pratiquer les gestes de secourisme (position de côté, réanimation cardiorespiratoire éventuellement).

À PARTIR DE 1985, LA POLITIQUE DE RÉDUCTION DES RISQUES S'EST DÉVELOPPÉE POUR ÉVITER LA CONTAMINATION DES USAGERS PAR LE VIRUS DU SIDA.

Les mesures suivantes ont été prises :
• la mise en vente libre des seringues en 1987 ;
• la mise en œuvre de programmes d'échange de seringues (exemple : organisme Cactus à Montréal) ;
• la diffusion de **kits de prévention**.

Cette politique a entraîné une baisse significative de la contamination par le virus du SIDA.

Diverses études montrent que les partages de seringues et les nouvelles contaminations par le virus du SIDA ont diminué chez les usagers de drogue par voie intraveineuse.

LE NOMBRE DE PERSONNES CONTAMINÉES PAR LE VIRUS DE L'HÉPATITE C RESTE IMPORTANT : IL REPRÉSENTE 60 À 80 % DES USAGERS DE DROGUE PAR VOIE INTRAVEINEUSE.

HÉROÏNE ET DÉPENDANCE

L'héroïnomane qui le souhaite peut bénéficier de soins : sevrage, suivi psychosocial, traitement de substitution. Les traitements à la méthadone sont administrés par voie orale. La méthadone doit être prescrite par un médecin autorisé et n'est disponible que dans certaines pharmacies.
Ces traitements de substitution ont pour objectif de stabiliser la dépendance de manière médicale et légale.

Le bilan des programmes de substitution montre une amélioration notable de l'état de santé des personnes, qui favorise leur stabilisation sociale et leur insertion professionnelle.

Il existe également des traitements tels la naltréxone ou ReVia® qui aident l'héroïnomane à demeurer sobre.

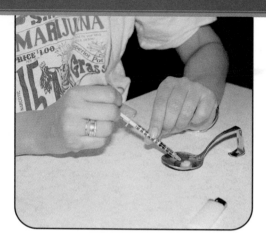

EN 1888, UN CHIMISTE ALLEMAND PRÉCONISE D'EMPLOYER L'HÉROÏNE SYNTHÉTISÉE POUR SOIGNER LA TUBERCULOSE.

Médication «héroïque», elle est considérée comme susceptible de se substituer à la morphine dans le traitement des douleurs et de la toux. Rapidement, son utilisation devient abusive. Aux États-Unis, on estimait à près de 500 000 le nombre de personnes dépendantes à l'héroïne à la veille de la Première Guerre mondiale.

En 1923, la Société des Nations déclare le produit dangereux et de faible intérêt thérapeutique.

En 1924, l'utilisation non médicale de l'héroïne est prohibée aux États-Unis ; elle y sera totalement bannie en 1956.

LES CHIFFRES
DE NOTRE RÉALITÉ

- Au Québec, en 1998, 0,1% des personnes âgées de 15 ans et plus ont consommé de l'héroïne au cours de l'année précédente.

- Au Québec, parmi les utilisateurs de drogues injectables (UDI), 20% affirment que l'héroïne est la principale substance injectée.

- À Montréal, chez les jeunes de la rue, 32% déclarent avoir déjà consommé de l'héroïne au cours de leur vie, 16% dans le dernier mois, 10% toutes les semaines et 5% tous les jours.

A PROPOS DES DROGUES INJECTABLES

- Au moins 23 000 Québécois s'injecteraient des drogues. 75% à 80% s'injectent de la cocaïne et 20 a 50% s'injectent de l'héroïne.

- Au Québec, 14% des utilisateurs de drogues injectables (UDI) seraient infectés par le VIH.

- À Montréal, près de la moitié des jeunes de la rue sont des utilisateurs de drogues injectables (UDI).

- Dans une cohorte d'UDI suivie au Centre hospitalier de l'Université de Montréal (CHUM), Pavillon St-Luc, 48% étaient atteints d'hépatite B et 70% d'hépatite C.

- En 1997-1998, 566 000 seringues étaient distribuées par un des cinq programmes de la région de Montréal. On enregistrait également un taux de récupération de 86%.

QUE PRÉVOIT LA LOI ?

L'héroïne est inscrite à l'annexe I de la «Loi réglementant certaines drogues et autres substances».

Sa possession, trafic, possession en vue de trafic, production, importation et exportation sont illégaux.

- Au Québec, en 1998, 2% des mises en accusation pour possession de drogues sont reliées à la possession d'héroïne.

- Au Canada, en 1996, l'héroïne représente 2% des 65 106 infractions reliées aux drogues traitées par les tribunaux.

CET HALLUCINOGÈNE EST UN PROCHE PARENT DE LA PHENCYCLIDINE (PCP). SES EFFETS SONT TOUTEFOIS PLUS COURTS ET MOINS INTENSES.

KÉTAMINE

La kétamine fait partie des perturbateurs du système nerveux central. Elle présente des effets hallucinogènes et elle possède des propriétés anesthésiques et analgésiques.

Vendue sous forme de comprimés ou de capsules parfois sous le pseudonyme «ecstasy», elle est souvent associée à des stimulants, afin de reproduire les effets stimulants et hallucinogènes de l'ecstasy.

Elle est également vendue pour ses propres effets et connue sous les appellations «Spécial K», «Vitamine K», «Ket», «Ketty»…, elle est «sniffée» en ligne pour ses effets hallucinogènes dans les «party rave». Cet hallucinogène est parfois détourné du milieu médical, où il est utilisé comme anesthésique-dissociatif.

La kétamine est notamment souvent utilisée dans les expériences de «voyages aux frontières de la mort» (*near death experience*).
L'utilisation illicite de la kétamine est dangereuse en raison des effets entraînés tels que :
• perte de connaissance accompagnée de vomissements et risque d'asphyxie par invasion pulmonaire des vomissements ;
• troubles psychologiques (anxiété, attaques de panique), neurologiques (paralysies temporaires) et psychiatriques (psychose toxique) ;
• digestifs (nausées, vomissements).

En cas de surdosage, il y a risque d'arrêt respiratoire et défaillance cardiaque.

LES CHIFFRES D'UNE RÉALITÉ QUÉBÉCOISE ET CANADIENNE

• Une étude conduite en 1997 auprès d'étudiants montréalais du niveau secondaire révèle que 0,4% d'entre eux ont déjà consommé de la kétamine au cours de leur vie.

QUE PRÉVOIT LA LOI ?

La kétamine fait partie de l'annexe F de la «Loi sur les aliments et drogues». Elle est utilisée en médecine humaine et vétérinaire comme anesthésique général, administrée par voie intraveineuse ou intramusculaire. Elle est alors commercialisée sous le nom de Ketalar® et nécessite une ordonnance. Compte tenu de ses propriétés hallucinogènes, une surveillance étroite est exercée sur cette substance.

LE LSD OU DIÉTHYLAMIDE DE L'ACIDE LYSERGIQUE EST OBTENU À PARTIR DE L'ERGOT DE SEIGLE (CHAMPIGNON PARASITE DU SEIGLE).

Il se présente sous la forme de buvard (papier imprégné d'une goutte d'une solution de LSD), de comprimés, d'une micropointe (ressemblant à un bout de mine de crayon) ou, plus rarement, sous forme liquide. Une dose pour faire un «trip d'acide» contient entre 50 et 400 micro-grammes de LSD.

Le LSD est un hallucinogène puissant de la catégorie des perturbateurs du système nerveux central. Il entraîne des modifications sensorielles intenses, provoque des hallucinations, des fous rires incontrôlables, des délires. Ces effets, mentalement très puissants, sont très variables suivant les individus et le contexte d'utilisation.

Un «trip» dure entre cinq et douze heures, parfois plus longtemps.

Il arrive qu'un consommateur panique en cours d'intoxication : on parle alors de «bad trip». Dans un tel cas, il faut rassurer et calmer la personne dans une ambiance calme, sous un éclairage tamisé. Il faut être prudent car l'individu intoxiqué peut-être dangereux pour lui ou pour les autres. L'administration d'alcool ou de tranquillisants peut aggraver le problème.

L'usage de LSD peut générer des accidents psychiatriques graves et durables.

La redescente «down» peut être désagréable ; l'usager peut se retrouver dans un état confusionnel pouvant s'accompagner d'angoisses, de crises de panique, de paranoïa, de phobies de délire.

LES CHIFFRES D'UNE RÉALITÉ QUÉBÉCOISE ET CANADIENNE

- En 1998, 1,5% des Québécois âgés de 15 ans et plus ont consommé du LSD ou d'autres hallucinogènes au cours de l'année précédente.

- Une enquête effectuée au Québec auprès de 1 808 adolescents (929 filles et 879 garçons), âgés entre 14 et 17 ans, révèle que 20,5% des filles et 19,1% des garçons ont déjà essayé le LSD ou d'autres hallucinogènes, ces produits étant après la marijuana, la deuxième catégorie de substances illicites la plus consommée.

- Une autre étude, conduite en 1997 auprès d'étudiants montréalais du niveau secondaire, révèle que 17,1% d'entre eux ont déjà consommé du LSD au cours de leur vie.

QUE PRÉVOIT LA LOI ?

Le LSD est inscrit à l'annexe III de la «Loi réglementant certaines drogues et autres substances».

Sa possession, trafic, possession en vue de trafic, production, importation et exportation sont illégaux.

DU BON ET DU MAUVAIS USAGE
DE CES MÉDICAMENTS QUI SONT LÀ
POUR SOIGNER ET QU'IL NE FAUT
SURTOUT PAS PRENDRE À LA LÉGÈRE.

UN MÉDICAMENT PSYCHOACTIF, QU'EST-CE QUE C'EST ?

Prescrit et utilisé avec discernement, un médicament psychoactif permet d'atténuer ou de faire disparaître une souffrance psychologique : anxiété, angoisse, insomnie, dépression, psychoses, maladie maniaco-dépressive, appelée maintenant maladie affective bipolaire, etc.

Un médicament psychoactif est généralement prescrit par un médecin. Après examen, celui-ci établit un diagnostic et, s'il l'estime nécessaire, détermine le traitement adapté à l'état de santé du patient.

Un grand nombre de personnes utilisent, avec ou sans ordonnance, des médicaments, pour faire face à des troubles provoqués par leurs difficultés quotidiennes. Parmi elles, on peut citer les personnes âgées confrontées à la solitude, les personnes confrontées à une surcharge de responsabilités, exposées au stress ou à un événement éprouvant.

PRESCRIT ET UTILISÉ
AVEC DISCERNEMENT,
UN MÉDICAMENT PSYCHOACTIF
PERMET D'ATTÉNUER OU DE FAIRE
DISPARAÎTRE UNE SOUFFRANCE
PSYCHOLOGIQUE.

Les troubles du sommeil sont un motif fréquent de consultation médicale. Ils peuvent être transitoires ou occasionnels et devenir chroniques. Les causes peuvent être somatiques (provenant de causes physiques), psychologiques, psychiatriques, ou dues, tout simplement, à des conditions peu propices au sommeil.

Tout comme pour l'alcool ou le tabac, une consommation excessive de médicaments psychoactifs chez les parents est susceptible de provoquer un effet néfaste sur les comportements de consommation des enfants.

EFFETS ET DANGERS DES MÉDICAMENTS PSYCHOACTIFS

Les effets des médicaments psycho-actifs diffèrent selon leur composition chimique, les doses administrées et la sensibilité individuelle du patient.

Associer les médicaments à d'autres sub-stances psychoactives comporte des dan-gers, d'autant que certaines interactions sont méconnues. Le mélange avec l'alcool, par exemple, potentialise ou annule les effets de chacune des substances absorbées.

Les effets d'un médicament psychoactif diffèrent selon la catégorie à laquelle il appartient. On distingue :
• les tranquillisants mineurs :
  • les anxiolytiques ;
  • les sédatifs ;
  • les somnifères ou hypnotiques ;
• les antidépresseurs ;
• les tranquillisants majeurs ou antipsycho-tiques ou neuroleptiques ;
• les stabilisateurs de l'humeur.

Les benzodiazépines

Anxiolytiques, sédatifs ou hypnotiques, elles sont prescrites pour diminuer ou supprimer les manifestations d'anxiété ou d'angoisse, pour calmer et apaiser, pour faciliter la relaxation musculaire et pour induire le sommeil.

Elles peuvent entraîner : perte de mémoire des faits récents, baisse de la vigilance, somnolence, diminution des réflexes. Ces effets rendent dangereuses la conduite d'un véhicule ou la manipulation d'une machine pouvant causer des blessures.

Plusieurs benzodiazépines sont actuellement commercialisés au Québec et au Canada. Les principales sont : Ativan®, Dalmane®, Halcion®, Lectopam®, Restoril®, Rivotril®, Serax®, Valium®, Xanax®.

Les tranquillisants mineurs ou anxiolytiques et sédatifs

Ils diminuent l'angoisse et les manifestations de l'anxiété (insomnies, tension musculaire...) et calment et apaisent le consommateur. Ils ne sont pas indiqués pour une maladie précise mais pour répondre à un état d'anxiété ou d'angoisse. Cependant, tout état de ce type ne nécessite pas systématiquement une prescription de ces médicaments.

Les tranquillisants mineurs les plus prescrits, notamment pour des durées longues, appartiennent à la famille des benzodiazépines, connue pour le risque de dépendance physique et psychologique qu'elle entraîne.

Les tranquillisants mineurs sont parfois utilisés de façon toxicomaniaque, à doses massives ou en association à d'autres produits.

Les somnifères ou hypnotiques

Ils sont destinés à provoquer ou a maintenir le sommeil. De ce fait, ils peuvent diminuer la vigilance en état d'éveil.

Les somnifères les plus prescrits, notamment pour des durées longues, appartiennent à la famille des benzodiazépines.

Les somnifères sont parfois utilisés de façon abusive, à doses massives ou en association à d'autres produits.

Quelques conseils

- Anxiolytiques, sédatifs ou somnifères peuvent être prescrits temporairement sans conséquences néfastes significatives pour la santé.

- Les médicaments psychoactifs ne doivent pas être réutilisés sans nouvel avis médical et ne conviennent pas à une autre personne : une prescription est individuelle et personnelle.

- Une consultation médicale ne se termine pas obligatoirement par la prescription de médicaments, notamment d'anxiolytiques, de sédatifs ou de somnifères.

- Un état anxieux n'est pas systématiquement traité par un tranquillisant mineur. Le médecin sait s'il s'agit d'une maladie ou de difficultés passagères et propose alors des solutions adaptées.

- Le patient doit se conformer strictement à l'ordonnance du médecin et éviter la prise concomitante d'alcool lors du traitement.

Mise en garde

La **prise** d'alcool au cours d'un traitement aux benzodiazépines comporte certains risques car cette combinaison entraîne une potentialisation des effets dépresseurs, qui se traduit par une détérioration des performances psychologiques et motrices.
L'association des benzodiazépines à des traitements de substitution de l'héroïne à base de méthadone est associée à un risque accru de dépression respiratoire, pouvant entraîner la mort.
Les benzodiazépines peuvent entraîner une dépendance physique et psychologique favorisée par la durée du traitement, la dose administrée, les antécédents d'autres dépendances et l'association à l'alcool. La dépendance physique et psychologique se traduit, à l'arrêt brutal du traitement, par un phénomène de **sevrage** dont les principaux symptômes de **manque** sont l'anxiété, l'irritabilité, l'agitation, l'insomnie et les douleurs musculaires.

L'ARRÊT PROGRESSIF PERMET D'ÉVITER CES TROUBLES.

LES ANTIDÉPRESSEURS

Ils sont prescrits dans le traitement de la dépression, dont les symptômes sont notamment : diminution marquée de l'intérêt ou du plaisir à vivre, troubles du sommeil, agitation ou apathie, sensation de fatigue ou perte d'énergie inexpliquées, sentiment de dévalorisation ou de culpabilité excessive, diminution de l'aptitude à penser et à se concentrer.

Les antidépresseurs peuvent entraîner des effets indésirables : perte de vigilance, som-nolence, excitation.
Ces médicaments doivent être réservés aux dépressions diagnostiquées par le médecin et ne sont généralement pas prescrits pour des difficultés passagères.

Ils n'entraînent pas de dépendance phy-sique significative.
Cependant, la diminution de la posologie doit être progressive pour éviter des symp-tômes comme des nausées ou des vertiges en cas d'arrêt brutal et éviter le retour trop brutal du syndrome dépressif.

LES ANTIPSYCHOTIQUES OU NEUROLEPTIQUES (ÉGALEMENT APPELÉS TRANQUILLISANTS MAJEURS)

Ils sont principalement utilisés pour le traitement des psychoses (maladies mentales qui affectent les comportements).

Dans le traitement de ces maladies souvent longues, la prise en charge psychologique et sociale du patient est aussi importante que le traitement médicamenteux.

Comme pour tout traitement médical, son interruption est particulièrement déconseillée sans l'avis du médecin.

Ces produits n'entraînent pas de dépendance.

MÉDICAMENTS PSYCHOACTIFS ET DÉPENDANCE

Si certains médicaments psychoactifs n'entraînent pas de dépendance physique, une dépendance psychologique est possible selon chaque individu, pour chaque substance.
Les benzodiazépines peuvent entraîner une dépendance physique et psychologique, bien que cette dernière soit controversée dans le cadre d'une utilisation médicale.

Lorsque la consommation d'un médicament psychoactif est augmentée au-delà de l'ordonnance du médecin, on parle de **toxicomanie médicamenteuse.**
Les médicaments concernés sont nombreux : opiacés, barbituriques, amphétamines, benzodiazépines. Sont également utilisés des analgésiques, des anorexigènes, des stimulants, des sirops antitussifs et des laxatifs.

On distingue trois types de toxicomanies médicamenteuses.

LA TOXICOMANIE MÉDICAMENTEUSE

Elle concerne tous les types de médicaments, les associations de différents médicaments n'étant pas rares.
Cette pratique de consommation se rapproche de la dépendance : la vie de l'usager est centrée sur sa consommation. On constate une alternance entre des moments de consommation contrôlée et des moments de consommation excessive. Il est souvent difficile de distinguer la recherche de l'oubli, du sommeil, du soulagement de l'anxiété, de la recherche de sensations voluptueuses, du plaisir de fonctionner dans un «état second», du plaisir de jouer avec la mort pour comprendre les motivations de ces consommations.

LA TOXICOMANIE MÉDICAMENTEUSE CHEZ LES TOXICOMANES

Les médicaments psychoactifs viennent apporter des sensations nouvelles, ou moduler les effets sédatifs ou excitants des autres substances psychoactives consommées.
Suivant les effets recherchés ou les produits dont ils disposent, les usagers dosent avec plus ou moins de précision ou totalement à l'aveuglette leurs mélanges.

La toxicomanie médicamenteuse méconnue

Les médicaments sont généralement pris suite à une prescription médicale et, face à la persistance des plaintes ou à l'apparition de symptômes nouveaux, l'escalade médicamenteuse s'installe.

En effet, l'usager cherche toujours le produit qui le guérira, et le médecin, tout en percevant plus ou moins le bien-fondé de cette demande, prescrit de nouveaux médicaments ou augmente la posologie.

La situation se complique lorsque le patient fait lui-même ses mélanges, associe les diverses ordonnances d'un ou de plusieurs médecins, dans un but thérapeutique revendiqué.

Dans ce cas, le patient, attaché à ses ordonnances, desquelles il ne supporte pas qu'on supprime un ou plusieurs produits, consomme de façon rituelle des quantités considérables de comprimés, capsules, etc.

Dans cette conduite, il est difficile de faire la part de la contribution réelle de la maladie, de la dépendance physique, psychologique, de la crainte du symptôme et du désir de médicament.

LES PLANTES ONT ÉTÉ LA BASE DE LA MAJORITÉ DES TRAITEMENTS

La pharmacopée (l'ensemble des médicaments) des Mésopotamiens comportait déjà près de 250 espèces de plantes pour soigner. À partir de la Renaissance, arrivent les végétaux d'origine tropicale. L'isolement des principes actifs des plantes ou des substances d'origine végétale n'intervient qu'au début du XIXe siècle, grâce aux progrès de la chimie.

Les substances d'origine animale sont moins fréquentes mais tout aussi anciennes. Poison et venin de certaines espèces étaient utilisés.

Les substances d'origine minérale sont employées depuis toujours à des fins thérapeutiques. Les anciennes civilisations égyptiennes utilisaient le carbonate de calcium pour soigner les acidités du tube digestif, et les Romains la rouille de fer pour arrêter les hémorragies. Aujourd'hui, certains minéraux sont utilisés par exemple dans les traitements de carences en oligo-éléments (fer, cuivre, manganèse, iode, calcium, magnésium...) ou dans le traitement de la psychose maniaco-dépressive, appelée aujourd'hui maladie affective bipolaire (lithium).

LES CHIFFRES
DE NOTRE RÉALITÉ

- Au Québec, deux fois plus d'ordonnances de médicaments psychoactifs sont délivrées à des femmes qu'à des hommes. Ce rapport est de 3 pour 1 chez les personnes âgées.

- En 1998, 3,7 % des Québécois âgés de 15 ans et plus ont consommé des tranquillisants mineurs (contre l'anxiété, l'agitation ou l'insomnie) au cours de l'année précédente.

- En 1996, 3,6% des Canadiens déclaraient avoir utilisé un antidépresseur au cours des 30 derniers jours.

QUE PRÉVOIT LA LOI ?

Les benzodiazépines, les autres tranquillisants mineurs, les antidépresseurs, les antipsychotiques et les stabilisateurs de l'humeur ne font pas partie des annexes de la «Loi réglementant certaines drogues et autres substances». Ce sont des médicaments qui nécessitent une ordonnance.

• À cause de leur abus, depuis le 1er septembre 2000, les benzodiazépines sont des médicaments ciblés, c'est-à-dire davantage contrôlés.

MESCALINE

**LA MESCALINE EST UN HALLUCI-
NOGÈNE QUI PROVOQUE MOINS
D'EFFETS CENTRAUX QUE LE LSD
MAIS DES EFFETS PÉRIPHÉ-
RIQUES PLUS MARQUÉS.**

La mescaline fait partie des perturbateurs du système nerveux central. Ses principaux effets centraux sont l'euphorie (sensation de bien-être), un accroissement de l'acuité sensorielle, une altération de la mémoire à court terme, des troubles de la pensée et de la concentration ainsi que des hallucinations. Ces effets s'accompagnent d'une altération de la perception de soi, des formes, des couleurs, du temps et de l'espace.

Les principaux effets périphériques sont l'altération de la vision, une dilatation de la pupille, ainsi qu'une augmentation de la fréquence cardiaque, de la pression artérielle et de la température corporelle.

L'intoxication aiguë peut entraîner l'anxiété, une dépersonnalisation, une sensation de perte de la maîtrise de soi et de son environnement et un état de panique. Cette réaction, connue sous le nom de «mauvais voyage» («bad trip»), s'accompagne de conduites susceptibles d'être dangereuses.

ntoxication chronique provoque, entre
tres, un syndrome d'amotivation, des
ubles de l'humeur et des réminiscences
hallucinations.

tolérance aux effets hallucinogènes s'ins-
le après quelques jours de consommation
disparaît aussi rapidement. Bien que la
pendance physique soit absente, une
pendance psychologique d'intensité
riable peut être observée.

«mescaline» trouvée sur le marché est
uvent du PCP.

Que prévoit la loi ?

La mescaline est inscrite à l'annexe III de la «Loi réglementant certaines drogues et autres substances».

Sa possession, trafic, possession en vue de trafic, production, importation et exportation sont illégaux.

La phencyclidine ou PCP, encore appelée «Mess», «Angel dust» et «Peace pill» est un hallucinogène qui produit des effets comparables au LSD tout en suscitant moins d'hallucinations.

PCP OU PHENCYCLIDINE

Le PCP fait partie des perturbateurs du système nerveux central. Il produit également une anesthésie générale, réduisant ainsi la perception de la douleur et de l'environnement. Il est plus fréquemment associé à des troubles de la mémoire, à des comportements étranges ou violents et à une psychose toxique. Outre les problèmes de comportement, le surdosage peut causer des troubles du métabolisme musculaire (rhabdomyolyse) susceptibles de provoquer un blocage rénal dû à l'accumulation de déchets métaboliques.

L'intoxication chronique entraîne des problèmes intellectuels, psychologiques et psychiatriques.

Consommé régulièrement, le PCP entraîne une tolérance très importante ainsi qu'une dépendance physique et psychologique.

Le PCP est souvent vendu sous de faux noms.

LES CHIFFRES DE NOTRE RÉALITÉ

Une étude conduite en 1997 auprès d'étudiants montréalais du niveau secondaire révèle que 8,5% d'entre eux ont déjà consommé du PCP au cours de leur vie.

QUE PRÉVOIT LA LOI ?

Le PCP est inscrit à l'annexe III de la «Loi réglementant certaines drogues et autres substances».

Sa possession, trafic, possession en vue de trafic, production, importation et exportation sont illégaux.

PLUS LOIN, PLUS HAUT, PLUS FORT !
MAIS À QUEL PRIX ?

UNE CONDUITE DOPANTE,
QU'EST-CE QUE C'EST ?

On parle de conduite dopante lorsqu'une personne consomme certains produits pour affronter un obstacle réel ou ressenti, pour améliorer ses performances (compétition sportive, examen, entrevue d'embauche, prise de parole en public, situations professionnelles ou sociales difficiles)

Dans le monde sportif, cette pratique prend le nom de dopage.

LE DOPAGE N'EST PAS
UNE SIMPLE TRICHERIE

De nombreux facteurs interviennent dans les motivations des usagers et prédisposent à une conduite dopante :

- le sexe : en moyenne, les garçons se dopent plus que les filles ;
- l'âge : le nombre d'usagers est plus élevé au cours de l'adolescence ;

**ON PARLE DE CONDUITE DOPANTE
LORSQU'UNE PERSONNE CONSOMME
POUR AFFRONTER UN OBSTACLE,
RÉEL OU RESSENTI,
AFIN D'AMÉLIORER
SES PERFORMANCES.**

- **le milieu familial :** le comportement des aînés vis-à-vis des substances psychoactives est important ; la pression ou le désintérêt de l'entourage vis-à-vis des résultats ;

- **l'obligation de résultats ;**

- **l'isolement social :** l'éloignement du domicile, des lieux d'études, de travail ou d'entraînement sportif ;

- **le système de carrière** dans le milieu sportif et la recherche de célébrité ;

- **les amis, les collègues de travail :** le besoin de s'intégrer.

Au Québec et au Canada, la Commission Dubin conclue que l'usage des substances dopantes est très répandu dans le domaine sportif sans pour autant pouvoir fournir des chiffres précis. Elle constate aussi que la consommation de produits dopants déborde le sport d'élite et pénètre les gymnases et les vestiaires des écoles secondaires, menaçant ainsi la santé des athlètes, des sportifs d'occasion et des étudiants du secondaire.

Sur le plan mondial, il est difficile aujourd'hui de déterminer avec exactitude l'ampleur du phénomène d'abus des substances dopantes et de leur utilisation illicite dans le monde du sport. Néanmoins, un récent rapport officiel des États-Unis affirme qu'un tiers des sportifs (et dans certaines disciplines olympiques jusqu'à 80-90%) ont recours à l'usage de substances chimiques interdites.

Seuls les produits causant des effets psychotropes significatifs et utilisés lors de conduites dopantes sont traités ici :
- les stimulants ;
- les narcotiques ;
- les agents anabolisants ;
- les corticostéroïdes ;
- les bêta-bloquants;
- le GHB.

L'usage de diurétiques, d'hormones de croissance, d'érythropoïétine (EPO) et d'anesthésiques locaux comporte des risques et des dangers pour la santé. Il n'entraîne ni modification de la conscience ni dépendance psychologique.

Les substances dopantes sont achetées :
• dans le circuit pharmaceutique légal (médicaments détournés de leur usage, souvent prescrits sur ordonnance médicale) ;
• sur le marché clandestin, fournies le plus souvent par l'entourage des usagers (produits de laboratoires clandestins ou importations frauduleuses ; leur nature exacte est invérifiable et leur qualité sujette à caution).

EFFETS ET DANGERS DES SUBSTANCES DOPANTES À RISQUE DE DÉPENDANCE

LES STIMULANTS

Les amphétamines, la cocaïne, la caféine, l'éphédrine et les produits dérivés sont les plus utilisés.

Les stimulants sont consommés pour accroître la concentration et l'attention, réduire la sensation de fatigue. Ils augmentent l'agressivité et font perdre du poids.

Ces produits agissent sur le système cardiovasculaire et neurologique. Leur consommation peut entraîner des troubles psychiatriques.

Le dépassement du seuil physiologique de la fatigue entraîné par l'usage de ces substances peut provoquer des états de faiblesse pouvant aller jusqu'à l'épuisement, voire jusqu'à la mort.

Les agents anabolisants

Pour la plupart, ils sont dérivés de la testostérone, l'hormone sexuelle mâle.

Ils sont communément appelés stéroïdes anabolisants ou tout simplement stéroïdes. Les produits les plus utilisés au Québec et au Canada sont la nandrolone (Deca-Durabolin® ou Durabolin®), le danazol (Cyclomen®), la fluoxymestérone (Halotestin®), l'oxandrolone (Oxandrin®) l'oxymétholone (Anapolon 50®) et le stanozolol (Winstrol®).

L'usage abusif et illégal des agents anabolisants par les sportifs repose sur la croyance que leur consommation améliore la performance athlétique. Bien que diverses opinions scientifiques réfutent cette allégation, les stéroïdes anabolisants peuvent dans certaines conditions produire les effets suivants:

- une augmentation de la masse musculaire et du poids ;
- une augmentation de la force musculaire;
- une augmentation de l'agressivité et de la motivation durant l'entraînement et la compétition ;
- une augmentation de l'endurance physique par l'aptitude à résister à la fatigue ;
- une récupération plus rapide après l'exercice et les périodes d'entraînements intensifs.

Néanmoins, les bénéfices de l'usage des agents anabolisants à des fins non thérapeutiques sont minimes par rapport aux risques encourus qui peuvent être nombreux et parfois irréversibles. En effet, selon la dose et la durée de consommation, les agents anabolisants peuvent provoquer des tendinites, des déchirures musculaires, des saignements du nez, de l'acné majeure, des troubles nerveux, psychologiques ou psychiatriques, des perturbations hormonales, des troubles sexuels, des troubles du foie, des troubles cardiovasculaires pouvant entraîner la mort, ainsi que des cancers.

Les agents anabolisants peuvent entraîner une dépendance physique et psychologique.

LES CORTICOSTÉROÏDES

Ces substances antifatigue ont une action psychostimulante et anti-inflammatoire. Elles augmentent la tolérance à la douleur et permettent de poursuivre un effort qui serait insupportable dans des conditions normales. La consommation de corticostéroïdes entraîne en particulier une fragilité des tendons, des déchirures musculaires, des infections locales et générales. Les symptômes vont de la simple fatigue chronique avec une chute des performances, à une défaillance cardiovasculaire pouvant conduire au décès.

Les corticostéroïdes peuvent entraîner une dépendance.

LES NARCOTIQUES

Ces substances assoupissent et engourdissent la sensibilité.
Ils sont utilisés pour supprimer ou atténuer la sensibilité à la douleur, et provoquer une impression de bien-être.

Ils entraînent des effets nocifs : risques de dépression respiratoire, d'accoutumance et de dépendance physique, diminution de la concentration et de la capacité de coordination.

LES BÊTA-BLOQUANTS

Les principales indications thérapeutiques de ces médicaments sont les problèmes cardiovasculaires. Dans certains cas, ils permettent une diminution des tremblements et ont également un effet anxiolytique.
Parmi leurs effets nocifs, on note une impression de fatigue permanente, des chutes de pression artérielle, des crampes musculaires, un risque de dépression et une impuissance sexuelle en cas d'utilisation habituelle et répétée.

LE GHB

Le gamma-hydroxybutyrate ou GHB provoque la libération de l'hormone de croissance, ce qui stimule le développement musculaire. Les effets recherchés par les athlètes et les culturistes sont les effets anabolisants puisque le GHB représente une alternative aux stéroïdes anabolisants.
Le GHB est une drogue susceptible d'abus. Son usage excessif et prolongé conduit à la tolérance et à la dépendance physique.

LES CHIFFRES DE NOTRE RÉALITÉ

- En 1996, 0,8% des Canadiens déclaraient avoir utilisé des stéroïdes anabolisants au cours des 30 derniers jours.

- En 1998, un sondage réalisé par la GRC montre que 16,7% des jeunes athlètes du niveau secondaire confessent avoir eu recours à une substance dopante dans le but d'améliorer leurs performances athlétiques et 4,1% d'entre eux affirment avoir utilisé des stéroïdes anabolisants.

QUE PRÉVOIT LA LOI ?

Le dopage fait l'objet d'interdictions nationales et internationales dans le domaine du sport. Si certains pays, dont la France, se sont munis de lois spécifiques dans le domaine du sport, le Québec et le Canada se limitent à appliquer les conventions internationales réglementant le sport, notamment celles du Comité International Olympique (CIO).

Les substances dopantes sont souvent des médicaments. Ainsi, en dehors des normes sportives, l'usage, la distribution et le transport sont régis par la «Loi sur les aliments et drogues». Des sanctions criminelles sont prévues lors des infractions reliées aux produits inclus dans les annexes de la «Loi réglementant certaines drogues et autres substances». Ainsi, les stéroïdes anabolisants sont inscrits à l'annexe IV de cette loi. Leur possession illégale, trafic, possession en vue de trafic, production, importation et exportation sont illégaux.

En accord avec les interdictions de la Commission médicale du CIO, le Centre canadien pour l'éthique dans le sport classe les interdictions ou restrictions en trois catégories :

Les substances interdites :
• les stimulants ;
• les narcotiques ;
• les agents anabolisants ;
• les diurétiques ;
• les hormones peptidiques, les hormones de croissance, l'érythro-poïétine ou EPO ;
• les substances altérant l'intégrité des échantillons d'urine.

Les méthodes interdites :
• le dopage sanguin ;
• l'administration de transporteurs artificiels d'oxygène ou de suc-cédanés de plasma ;
• les manipulations pharmacologiques, chimiques et physiques de l'urine.

Les substances soumises à certaines restrictions :
• les anesthésiques locaux ;
• les médicaments contre l'asthme et les affections respiratoires ;
• les glucocorticoïdes ;
• la caféine ;
• les bêta-bloquants ;
• l'alcool ;
• les cannabinoïdes (substances apparentées au THC, principal ingrédient actif du cannabis).

TABAC

Brun ou blond, léger ou super léger, roulé, en cigare ou en pipe, le tabac nuit tellement à la santé qu'il contribue à plus de 45 000 décès par an au Canada.

Le tabac, qu'est-ce que c'est ?

Le tabac est une plante cultivée dans le monde entier. Après séchage, les feuilles sont laissées à l'air libre pendant un certain temps pour obtenir un goût spécifique.

Le tabac est la deuxième substance psychoactive la plus consommée dans le monde, après la caféine. La plante de tabac appartient au genre *Nicotiana*. La principale espèce cultivée pour le tabac est *Nicotiana tabacum*.

Le tabac peut être fumé (sous forme de cigarettes, de cigares ou à l'aide d'une pipe), chiqué (pris par voie buccale) ou prisé (pris par voie intranasale).

Effets et dangers du tabac

Plus de 4000 composés sont formés par la combustion du tabac et la plupart d'entre eux sont dangereux pour la santé. Les trois produits du tabac les plus susceptibles d'entraîner des effets néfastes pour la santé sont le goudron, la nicotine et le monoxyde de carbone. La teneur

LE TABAC EST UNE PLANTE CULTIVÉE DANS LE MONDE ENTIER. APRÈS SÉCHAGE, LES FEUILLES SONT LAISSÉES À L'AIR LIBRE PENDANT UN CERTAIN TEMPS AFIN D'OBTENIR UN GOÛT SPÉCIFIQUE.

LE TABAC

EST UN PRODUIT LICITE
La production, la vente et l'usage sont réglementés

de ces produits doit être indiquée sur les paquets de cigarettes, selon les lois gouvernementales du Québec, du Canada et de plusieurs pays. Le danger de ces substances pour la santé croît avec l'usage.

L'ensemble de ces composants toxiques agit en particulier sur :
l'incidence d'effets cancérigènes :
Au Québec et au Canada, plus de 30% des décès dus au cancer sont attribuables au tabac. Le cancer du poumon est le cancer le plus meurtrier au Québec et au Canada, autant chez l'homme que chez la femme. Le tabac augmente aussi substantiellement le risque de développer les cancers de la bouche, du pharynx, du larynx, de l'œsophage, de l'estomac, du pancréas, du rein, de la prostate, de l'uretère et de la vessie ;
la fonction cardiovasculaire :
le tabac augmente la pression artérielle, accélère le rythme cardiaque et détériore les artères. Les risques coronariens et les décès

par infarctus du myocarde sont deux fois plus élevés chez les fumeurs. Ces risques vasculaires touchent aussi les artères du cerveau et des membres inférieurs.

la fonction respiratoire :
les fumeurs s'exposent à des troubles au niveau de tout l'appareil respiratoire, notamment la bronchite chronique, l'emphysème et le risque de cancer du poumon.

la fonction digestive :
la nicotine augmente la sécrétion des acides gastriques et accroît les risques d'ulcères de l'estomac et du duodénum.

le système nerveux :
le tabac limite l'apport d'oxygène au cerveau et aux muscles. Il est responsable de maux de tête, de vertiges et d'une diminution de la résistance à l'exercice.

le déroulement de la grossesse :
Outre une baisse de fertilité, une mère fumeuse a plus de risques de faire une grossesse extra-utérine ou une fausse couche qu'une mère non fumeuse. Elle a également 1,5 fois plus de risques d'accoucher prématurément.

Le bébé d'une mère fumeuse est plus à risque de présenter un poids inférieur à la naissance, un périmètre crânien réduit, un retard du développement physique et mental, un délai de croissance, des maladies respiratoires et de mourir du syndrome de la mort subite du nouveau-né.

Tabac et dépendance

La dépendance physique au tabac est présente chez la plupart des fumeurs réguliers. La dépendance psychologique occupe également une place importante dans leur vie.

Le fumeur régulier privé brutalement de sa consommation ressent une sensation de manque. Il est tendu, nerveux, irritable, angoissé, voire déprimé. Il peut trembler et avoir des sueurs ; il lui est difficile de réprimer l'envie de reprendre une cigarette.

Il est possible de s'arrêter de fumer sans aide particulière. Cependant, on peut trouver auprès d'un médecin ou d'un pharmacien des conseils et des aides pour cesser de fumer.

Les nombreuses méthodes d'aide au sevrage peuvent être utilisées avec ou sans ordonnance :
- systèmes de remplacement de la nicotine comprenant les timbres transdermiques («patchs»), les gommes à mâcher, le vaporisateur nasal et l'inhalateur oral vendus dans les pharmacies (ces deux derniers ne sont pas encore disponibles au Québec et au Canada). Ces méthodes de substitution nicotinique permettent un sevrage progressif de la nicotine et réduisent les effets du manque chez les fumeurs dépendants ;
- aide psychologique individuelle ou collective, rencontres avec d'anciens fumeurs, relaxation et techniques respiratoires, diététique, homéopathie, acupuncture, hypnose..., peuvent être mises à profit.

HISTORIQUE

Dans l'Antiquité, le tabac est utilisé par plusieurs cultures Indiennes d'Amérique centrale et du Sud pendant des milliers d'années. Les Mayas fument le tabac sous forme de cigares ou à l'aide de pipes. Les peuples natifs d'Amérique sont vraisemblablement les premiers et les seuls utilisateurs du tabac au moment de la découverte du Nouveau-Monde par les Européens.

Au 16e siècle, les Européens répandent l'usage du tabac en Amérique du Nord parmi les peuples amérindiens et les Espagnols introduisent le tabac en Europe. En 1560, Jean Nicot, ambassadeur français au Portugal, croit dans les vertus médicinales du tabac. Il envoie des semences à la famille royale de France et fait sa promotion à travers le monde. Du fait de son grand intérêt pour la plante, son nom est donné au genre *Nicotiana* et à la substance nicotine.

En 1964, le «U.S. Surgeon General's Report» établit clairement pour la première fois la relation entre la cigarette et diverses maladies, dont le cancer.

En 1997, le gouvernement du Canada adopte la «Loi sur le tabac», visant à protéger la santé de la population. Cette loi est modifiée en 1998 et interdit alors la commandite d'événements sportifs, culturels ou autres par l'industrie du tabac, après une période de transition de cinq ans. Depuis l'an 2000, les produits du tabac vendus au Québec et au Canada doivent désormais porter une mise en garde couvrant 50% de la principale surface exposée.

De nos jours, bien que la consommation de tabac ait diminué au Québec et au Canada, le tabagisme demeure la principale cause de maladies et de décès évitables. Le déclin de l'usage du tabac dans les pays industrialisés s'accompagne d'une hausse de sa consommation dans les pays en développement.

LES CHIFFRES
DE NOTRE RÉALITÉ

- Au Québec, en 2000, 28% des personnes âgées de 15 ans et plus fument la cigarette.

- Au Québec, en 1998, 34% des personnes âgées de 15 ans et plus (35% des hommes et 33% des femmes) fument la cigarette et 31% le font tous les jours.

- Au Québec, en 1998, 33% des jeunes âgés entre 15 et 19 ans (29% dans le groupe d'âge de 15-17 ans) fument la cigarette et 25% (22% dans le groupe d'âge de 15-17 ans) le font tous les jours.

- Au Canada, en 2000, 24% des personnes âgées de 15 ans et plus fument la cigarette, comparativement à 25% en 1999. Le nombre de fumeurs âgés de 15 à 19 ans a baissé de 28% en 1999 à 25% en 2000, alors que chez les jeunes adultes âgés de 20 à 24 ans, il a diminué de 35% en 1999 à 32% en 2000. Les taux de tabagisme sont à la baisse au sein de tous les groupes d'âge.

- Au Canada, en 2000, les taux de prévalence du tabagisme entre les provinces fluctuent entre 20% en Colombie-Britannique et 30% en Nouvelle-Écosse, les réductions les plus importantes entre 1999 et 2000 étant obser-vées au Québec, en Alberta et à Terre-Neuve. Pour la première fois depuis 10 ans, le Québec, avec le chiffre de 28%, n'a pas la proportion la plus élevée de fumeurs au Canada.

%

QUE PRÉVOIT LA LOI ?

La «Loi sur le tabac» actuellement en vigueur au Canada date de 1997. Elle interdit à quiconque de fournir (vendre ou donner) du tabac à une personne âgée de moins de 18 ans dans un lieu public. Elle régit également les activités de commercialisation des fabricants et des commerçants. Cette loi restreint aussi la promotion publicitaire et contraint l'affichage de certains messages relatifs aux usages et aux dangers de la consommation du tabac.

Elle agit donc sur l'étiquetage, l'emballage et l'affichage des produits du tabac. Le non-respect de ces conditions peut entraîner des amendes de 3 000$ lors d'une première infraction et de 50 000$ pour les infractions subséquentes.

Au Québec, c'est la «Loi sur le tabac», adoptée en 1998 et appliquée depuis le 17 décembre 1999 qui régit l'usage, la vente, la publicité et la promotion du tabac. Les principales dispositions de cette loi interdisent :

- la vente de tabac aux mineurs ;
- l'usage de tabac dans les milieux de travail, les établissements d'enseignement, les commerces et les centres commerciaux, les restaurants, les établissements touristiques, les pharmacies, les terrains et les installations maintenues par un établissement de santé et de services sociaux, par une école primaire ou secondaire ou par les centres de la petite enfance ou d'un service de garde…;
- la commandite associée à la promotion des produits du tabac.

Le contrevenant s'expose à des poursuites pénales devant une cour municipale. Ainsi quiconque fait usage de tabac dans un endroit interdit est passible d'une amende de 50 $ à 300 $ pour une première infraction et de 100 $ à 600 $ en cas de récidive. Celui qui vend du tabac à un mineur s'expose à une amende de 300 $ à 2000 $ pour une première infraction et de 400 $ à 6000 $ en cas de écidive.

UNE VIE EST UNE SOMME D'EXPÉRIENCES. UNE QUÊTE D'ÉMOTIONS ET DE CONNAISSANCES NOUVELLES QUI APPORTENT DES SUCCÈS MAIS AUSSI DES ÉCHECS.

Entre liberté et responsabilité, l'enfant puis l'adolescent apprend progressivement à devenir autonome. Cet apprentissage individuel, l'amène, une fois adulte, à connaître ses obligations et à savoir prendre des décisions, dans sa vie personnelle, sentimentale, professionnelle et sociale.

Si l'adolescence est une période d'évolution particulièrement importante, le mouvement ne cesse pas pour autant dès l'entrée dans l'âge adulte ! L'équilibre s'ajuste tout au long de la vie, au-delà des épreuves, des succès, des joies, des ruptures et des chagrins.

L'usage récréatif, l'abus et la dépendance concernent bien plus les adultes que les adolescents. Mais la plupart des consommations problématiques commencent avant 20 ans.

Si ce chapitre consacre une place importante à l'adolescence, c'est qu'il s'agit d'informer plus particulièrement les adultes, de leur donner les informations nécessaires pour aider les plus jeunes à vivre expériences et découvertes à moindre risque.

Adolescence
et expériences

Première cigarette, première ivresse, premier amour, première relation sexuelle : l'adolescence est le temps des expériences.
Ces essais passent par des excès. Qu'ils soient «bruyants» (attitudes provocatrices) ou «silencieux» (repli sur soi), ces manifestations ne signifient pas *a priori* que l'adolescent est en difficulté.

Cette période de recherche et d'hésitations, quête d'autonomie ou maintien du lien de dépendance vis-à-vis des parents, est souvent compliquée à vivre pour l'adolescent et son entourage. Il s'agit pour les adultes, les parents en particulier, de maintenir et d'affirmer les valeurs qui leur semblent importantes pour l'éducation de leurs enfants.

Tout en dosant leurs interventions et l'affirmation de leur autorité, il est indispensable pour les adultes de marquer les limites et de **mettre en garde un adolescent contre les dangers qu'il peut encourir.** Il est par ailleurs **tout aussi nécessaire de le valoriser, de l'encourager,** et de favoriser ses contacts avec l'extérieur.

Aider un adolescent à trouver ses forces personnelles est aussi essentiel pour lui que de connaître les limites posées, particulièrement s'il manifeste une attitude de repli, s'il éprouve un besoin important de confiance et manque d'estime de lui-même.

LE RÔLE DE L'ENTOURAGE

Chaque personne établit une relation unique à l'autre et au monde, développe des stratégies personnelles pour éprouver du plaisir ou pour ne pas souffrir.

La consommation des substances psychoactives occupe une place importante dans ces stratégies. Aucune recette n'existe donc pour éviter qu'un individu, et en particulier une personne jeune, ne fasse usage de substances psychoactives.

L'adolescence est l'âge de tous les possibles, des expériences et des rencontres. **Ce qui peut être vécu dans un moment particulier peut ne pas prendre un caractère définitif, et rien ne sert de dramatiser un essai ou une erreur.**

Dans une période de crise, il s'agira pour l'adulte de trouver le bon moment pour se faire entendre, et d'adopter une attitude appropriée.

S'il n'y parvient pas, il peut rechercher l'appui de personnes compétentes.

QUELLES QUESTIONS SE POSER FACE À L'USAGE D'UNE SUBSTANCE PSYCHOACTIVE ?

- Quel(s) est (sont) le(s) produit(s) consommé(s) ?
- La consommation est-elle rare, fréquente ou régulière ?
- Quelle est la quantité consommée ?
- Dans quelles circonstances consomme cette personne, seule ou en groupe ?
- Y a-t-il des conséquences néfastes ou des dommages ?
- Quelle importance le consommateur reconnaît-il à cet usage ?
  Pour s'amuser de temps en temps ?
  Pour faire comme les autres ?
  Parce qu'il l'estime indispensable à son bien-être ?

S'interroger, parler en toute confiance d'une consommation, quelle qu'elle soit, est nécessaire.

La plupart des consommations resteront sans conséquences graves si le dialogue est instauré.

Malgré tout, dans certaines situations, il y a lieu de se faire aider. L'accepter, c'est souvent trouver des solutions à des situations jugées insupportables.

CHERCHER CONSEIL ET ASSISTANCE N'EST PAS UNE MARQUE DE FAIBLESSE OU UNE TRAHISON.

DONNER DES REPÈRES

Retarder le plus possible l'expérimentation du tabac et de l'alcool peut atténuer le risque d'un comportement d'abus ou d'une dépendance ultérieure.

Refuser ou fuir les conflits ne résout pas les problèmes. Dire non à un jeune enfant qui s'apprête à faire quelque chose de dangereux ou d'interdit, dire non à un adolescent sans avoir peur d'exercer son autorité, sont des attitudes éducatives tout aussi essentielles pour lui que celles qui consistent à l'ouvrir à des connaissances nouvelles.

Des études confirment la place éducative de l'interdit dans les comportements de consommation des plus jeunes. Inciter l'adolescent à retarder le plus possible l'expérimentation du tabac et de l'alcool peut atténuer le risque d'un comportement d'abus ou d'une dépendance ultérieure.

Par ailleurs, des enquêtes récentes réalisées auprès de jeunes confirment le rôle positif joué par le dialogue parents/adolescents dans le comportement tabagique des jeunes. Les adolescents qui déclarent avoir une communication facile avec leurs parents sont moins nombreux à fumer, que ceux qui affirment qu'il est difficile de parler avec leurs parents de choses qui les préoccupent vraiment.

NE PAS PRÉJUGER D'UNE CONSOMMATION

Tout comme un verre de vin ne fait pas l'alcoolique et une cigarette le tabagique, un adolescent qui fume occasionnellement du cannabis n'est pas un toxicomane ! Cette consommation ne l'entraînera pas forcément dans «l'escalade» vers des produits de plus en plus dangereux. Les proches peuvent aider à cette prise de conscience en donnant des informations de base claires, précises et exactes destinées à l'aider à **évaluer ses vulnérabilités et ses points forts.** Face à une offre de produits et à l'influence de la consommation de l'entourage, **il est alors plus facile de faire des choix responsables.**

Les consommations abusives et les dépendances font partie le plus souvent d'un ensemble de comportements à risques ou de symptômes qui sont l'expression de difficultés passagères ou parfois plus profondes, de souffrances, qu'il s'agit de prendre en compte au cas par cas.

Un adolescent qui fume occasionnellement du cannabis n'est pas un toxicomane.

OÙ S'INFORMER ET SE DOCUMENTER ?

Centre québécois de documentation en
toxicomanie
950, rue de Louvain Est, Montréal
(Québec) H2M 2E8
Téléphone : (514) 385-3490

SITE WEB   http://www.centredollardcormier.qc.ca/qdt.htm
Courriel : cqdt.cdc@ssss.gouv.qc.ca

Pour trouver d'autres adresses utiles :

• par internet : **www.toxquebec.com.**

• par téléphone, 7 jours sur 7,
  24 heures sur 24 :

TÉLÉPHONE

**Drogues: Aide et référence
Montréal : (514) 527-2626
Autres régions : 1 800 265-2626**

L'appel est anonyme et gratuit et ce, pour
l'ensemble du territoire québécois. Ouvert à
tous, ce service tétéphonique peut répondre
aux demandes d'information et orienter les
démarches de toute personne aux prises
avec des problèmes reliés à l'alcool ou aux
autres drogues.

Promouvoir la santé et prévenir

Sous l'égide des Régies régionales de la Santé et des Services sociaux, des activités sont conduites par des établissements publics et des organismes communautaires auprès des jeunes et des parents. Le plus souvent, elles sont élaborées en concertation avec plusieurs ministères concernés.

Ces actions peuvent se dérouler :

- En milieu scolaire (élémentaire et secondaire)

- Dans le cadre d'activités des maisons de jeunes

- Dans le milieu (travail de proximité, incluant le travail de rue et de milieu)

- Lors de la semaine nationale de prévention des toxicomanies (3e semaine de novembre)

Des activités de prévention ont aussi lieu dans les milieux de travail. Ces activités sont habituellement organisées par les programmes d'aide aux employé(e)s (PAE).

POUR EN PARLER, SE FAIRE AIDER, TROUVER DES SERVICES SPÉCIALISÉS

CLSC

Un premier contact avec un CLSC peut aider à trouver des services adaptés, surtout si la consommation est associée à quelques difficultés mais ne présente pas encore la gravité de la dépendance. Le CLSC peut aussi, après consultation, référer aux services spécialisés si la situation l'exige.

CENTRES HOSPITALIERS

Un bon nombre de centres hospitaliers offrent des services d'urgence en cas de crise aiguë et des services de désintoxication. Pour en savoir plus, consultez le centre hospitalier de votre région.

CENTRES DE RÉADAPTAION POUR PERSONNES ALCOOLIQUES ET AUTRES TOXICOMANES

Si la situation exige une intervention spéciali-sée, les CRPAT sont des établissements du réseau de services du Ministère de la Santé et des Services sociaux. Ils accueillent la per-sonne toxicomane qui désire reprendre pro-gressivement du pouvoir sur sa vie et reconstruire un meilleur équilibre physique, psychologique et social.

Afin qu'elle puisse transposer plus facilement ses nouvelles compétences dans son quoti-dien, ces centres privilégient une démarche à l'externe, dans le milieu de vie habituel de la personne, en continuité avec les autres ser-vices publics et communautaires. Des ser-vices résidentiels sont aussi disponibles pour les personnes qui nécessitent un retrait de leur milieu.

Une quinzaine d'établissements offre les services suivants :

- Accueil, évaluation, orientation
- Désintoxication
- Psychothérapie individuelle ou de groupe
- Intégration sociale
- Services à l'entourage
- Services à la communauté

Ces services sont offerts gratuitement dans toutes les régions du Québec.

Ressources privées et communautaires

Il existe, dans chaque région du Québec, plusieurs ressources privées et communautaires. La gamme et la qualité des services offerts varient grandement d'une ressource à une autre et d'une région à l'autre. Vous pouvez obtenir des renseignements sur ces ressources en contactant la Régie régionale de votre région.

GROUPES D'ENTRAIDE

Au Québec, il existe de nombreux groupes d'entraide, répartis sur l'ensemble du territoire (A.A., N.A., C.A., etc.). Leurs coordonnées se retrouvent dans tous les bottins téléphoniques ou peuvent être fournies par la ligne téléphonique Drogues : Aide et référence (p. 134).

LA RÉDUCTION DES MÉFAITS

Depuis la fin des années 1980, divers programmes de prévention du VIH et des hépatites auprès des utilisateurs de drogues par injection ont été développés dans l'ensemble des régions du Québec. Ces programmes prennent diverses formes et offrent plusieurs services. L'accès à du matériel d'injection stérile (programmes d'échange de seringues), la distribution de condoms et les programmes de maintien à la méthadone font partie de cette catégorie.

Cette approche est aujourd'hui couramment utilisée en toxicomanie au Québec et répond à un ensemble de besoins qui ne peut être comblé par des approches plus traditionnelles.

PARLER, TROUVER DES SOLUTIONS

**7 JOURS SUR 7
24 HEURES SUR 24
APPELS ANONYMES ET GRATUITS**

POUR LES JEUNES

POUR LES PARENTS

- DROGUE : AIDE ET RÉFÉRENCE
  Montréal : (514) 527-2626
  Autres régions : 1 800 265-2626

- TEL - JEUNES
  Montréal: (514) 288-2266
  Autres régions : 1 800 263-2266

- PARENTRAIDE
  Montréal : (514) 288-5555
  Autres régions : 1 800 361-5085

- CENTRE ANTI-POISON DU QUÉBEC
  1 800 463-5060

- **www.toxquebec.com**
- **DROGUES : AIDE ET RÉFÉRENCE
  1 800 265 - 2626**

Pour en savoir plus

Comité permanent de lutte à la toxicomanie

http://www.cplt.com/

Regroupement Maison Jean Lapointe/Pavillon du Nouveau Point de Vue

www.toxquebec.com

AITQ, L'association des intervenants en toxicomanie du Québec.

http://www.aitq.com/

Centre Dollard Cormier

http://www.centredollardcormier.qc.ca/

Centre de toxicomanie et de santé mentale

http://www.camh.net/francais/

Éduc'alcool

http://www.educalcool.qc.ca/

Fédération québécoise des centres de réadaptation pour personnes alcooliques et toxicomanes

http://www.fqcrpat.qc.ca/

FOBAST

http://www.cam.org/fobast/

La Gendarmerie Royale du Canada (GRC) au Québec

http://www.grcquebecrcmp.com/pages/con_p_v_f/pag_vert_f.html

Le Centre canadien de lutte à l'alcoolisme et à la toxicomanie

http://www.ccsa.ca/cclat.htm

Les drogues illicites sont couramment appelées stupéfiants et font l'objet d'interdiction au regard des conventions internationales. En mai 1997, la «Loi sur les stupéfiants» ainsi que les parties III et IV de la «Loi sur les aliments et drogues» ont été abrogées et remplacées par la «Loi réglementant certaines drogues et autres substances». Cette nouvelle loi comporte huit annexes dont les trois premières contiennent la majorité des drogues illicites (voir Tableau 1).

La «Loi réglementant certaines drogues et autres substances» prévoit plusieurs infractions et peines, notamment la possession illégale, le trafic ou possession en vue de trafic, la production, l'importation et l'exportation. Le Code criminel comporte aussi des clauses reliées à la drogue. En effet, quiconque, sciemment, importe, exporte, fabrique, fait connaître ou vend des accessoires destinés à l'utilisation de drogues illicites (art. 462.2) ou recycle des produits de la criminalité (art. 462.31) commet une infraction et est assujetti à une peine.

S'il n'existe pas une loi proprement dite sur «l'injonction thérapeutique», de nombreuses mesures législatives (ordonnance de la Cour, ordonnance de probation, conditions de libération conditionnelle, etc.) permettent d'inciter ou de contraindre les délinquants à suivre un traitement relié a leur consommation de drogues.

Les drogues licites sont assujetties à la réglementation prévue par la loi. Dans cette législation, on retrouve principalement la «Loi sur les aliments et drogues», la «Loi réglementant certaines drogues et autres substances» et la «Loi sur le tabac».

Les médicaments sont eux aussi régis par la «Loi sur les aliments et drogues» et la «Loi réglementant certaines drogues et autres substances». La mise en marché doit être précédée d'une évaluation positive des résultats des essais cliniques, pharmacologiques et toxicologiques. Les normes de production, d'importation, d'exportation, d'obtention et de vente sont très strictes et passibles de sanctions lorsqu'elles sont dérogées.

La prescription et la distribution des médicaments par les professionnels de la santé font aussi l'objet d'une réglementation stricte. Des critères précis (par exemple, l'évaluation clinique et diagnostique constante) régissent la délivrance ou le renouvellement des ordonnances médicales. Certains médicaments sont inclus dans les annexes IV et V de la «Loi réglementant certaines drogues et autres substances» à cause de leurs propriétés psychotropes.

Tableau 1. Loi réglementant certaines drogues et autres substances

Annexe I	Annexe II
Cocaïne ; Opiacés : héroïne, codéine, morphine, méthadone, opium, etc… PCP.	Haschich (+ de 1 g) ; Marijuana (+ de 30 g).
Annexe III	Annexe IV
Amphétamines (incluant ecstasy) ; Cathinone ; GHB, LSD ; Mescaline ; Rohypnol®.	Benzodiazépines ; Barbituriques ; Stéroïdes anabolisants.
Annexe V	Annexe VI
Phénylpropanolamine.	Ephrédine ; Pseudoephrédine ; Ergotamine ; Acide lysergique.
Annexe VII	Annexe VIII
Haschich (Jusqu'à 3kg) ; Marijuana (Jusqu'à 3kg).	Haschich (Jusqu'à 1 g) ; Marijuana (Jusqu'à 30 g).

N.B. Seuls sont inclus les principaux produits inclus dans chacune des annexes de cette loi. Les substances ne faisant pas l'objet d'une revue dans ce livre ne sont pas mentionnées dans le tableau.

LEXIQUE

ABUS
Terme vague répondant à plus d'une définition. Sa signification diffère d'une société à une autre. Cette notion est grandement influencée, entre autres, par des aspects culturels, religieux, éthiques, légaux et médicaux.
Selon Jaffe (1980) « l'abus réfère à l'usage de toute drogue, habituellement par auto-administration, d'une manière telle qu'il se dévie de normes médicales ou sociales approuvées à l'intérieur d'une culture donnée. Le terme exprime une notion de désapprobation sociale et n'est pas nécessairement descriptif d'un profil particulier relié à l'usage d'une drogue ou à ses conséquences adverses potentielles».

ACCOUTUMANCE (de l'anglais «addiction»)
Terme général englobant les phénomènes de tolérance et de pharmacodépendance.

AMBULATOIRE, traitement
Traitement effectué en dehors des structures d'hospitalisation ou d'hébergement. Le traitement en milieu naturel laisse au patient la possibilité de poursuivre ses occupations habituelles.

ANALGÉSIQUE
Qui atténue ou supprime la sensibilité à la douleur.

ANXIOLYTIQUE
Qui diminue ou supprime l'état d'anxiété.

BENZODIAZÉPINES
Classe de tranquillisants mineurs principalement utilisés comme anxiolytiques, sédatifs et hypnotiques.

BESOIN INTENSE (en anglais «craving»)
Obsession contraignante qui envahit et dérange les pensées du consommateur, affecte son humeur et altère son comportement. Cette obsession a aussi été décrite comme un désir urgent et accablant ou une impulsion irrésistible à prendre le médicament ou drogue.

CHIQUER
Mâcher (du tabac, une substance psychoactive).

DÉPENDANCE PHYSIQUE
État résultant de l'usage répété et excessif d'un médicament ou drogue au cours duquel l'organisme s'est adapté physiologiquement (c'est-à-dire est devenu dépendant) à la présence continue du médicament ou drogue à une certaine concentration. Lorsque cette concentration diminue au-dessous d'un certain seuil, il se produit une perturbation du système nerveux qui va se traduire par un ensemble de signes et symptômes appelés «syndrome de sevrage».

DÉPENDANCE PSYCHOLOGIQUE OU PSYCHIQUE
État impliquant que l'arrêt ou la réduction abrupte de la dose d'un médicament ou drogue produit des symptômes psychologiques caractérisés par une préoccupation émotionnelle et mentale reliée aux effets du médicament ou drogue et par un besoin intense et persistant à reprendre le médicament ou drogue.

DÉSINTOXICATION
Processus physiologique par lequel un individu qui est chimiquement dépendant retrouve un fonctionnement physique et mental normal par un arrêt soudain ou graduel de l'administration de la drogue. Ce processus se fait avec ou sans médication et peut avoir lieu en milieu naturel ou en milieu hospitalier.

DOPAMINE
Neuromédiateur impliqué, entre autres, dans les mécanismes de perception du plaisir, de la motricité et de l'agressivité.

DROGUE
Dans le langage populaire francophone, les gens tendent à distinguer les drogues des médicaments. Ainsi, dans ce livre, le mot drogue désigne toute substance qui modifie le fonctionnement mental (psychotrope) et dont l'usage peut conduire à l'abus ou à la dépendance. Le mot «médicament» est appliqué à toute substance utilisée à des fins curatives, préventives ou bénéfiques.
Dans le présent ouvrage, le mot «drogue» s'applique à toute substance provoquant des effets néfastes pour la santé et plus particulièrement pour désigner les psychotropes, c'est-à-dire des produits qui agissent sur le psychisme d'un individu en modifiant son fonctionnement mental.

(ÉPISODE) OU DÉLIRE PARANOÏDE
Crise pendant laquelle un individu est le sujet de délires qui s'apparentent à la paranoïa.

EUPHORIE
Sensation de bien-être.

GÉNÉRIQUE, nom
Nom chimique ou dénomination commune d'un médicament ou drogue. A titre d'exemple, le diazépam est le nom générique d'un tranquillisant mis sur le marché par diverses compagnies sous les noms commerciaux de Valium®, Apo-Diazepam®, Diastat®, Diazemuls® et Vivol®.

HYPNOTIQUE
Substance produisant la somnolence et facilitant l'instauration et le maintien d'un état de sommeil ressemblant au sommeil naturel et à partir duquel un individu peut être facilement réveillé.

INTOLÉRANCE
État d'hypersensibilité de l'organisme se traduisant par une réponse anormalement élevée du médicament ou drogue et par le fait de ne pas tolérer des doses qui habituellement ne sont pas toxiques. Elle se manifeste par une augmentation de l'efficacité ou de la toxicité du médicament ou de la drogue.

INTOXICATION
Perturbations qu'exerce une substance toxique sur l'organisme et ensemble des troubles qui en résultent.

KIT DE PRÉVENTION
Trousse de prévention destinée aux usagers de drogues qui pratiquent l'injection intraveineuse.
Au Québec, le réseau des pharmacies d'officine offre plusieurs points de vente de matériel d'injection sécuritaire.

MALADIE AFFECTIVE BIPOLAIRE
Terme médical actuellement employé pour décrire la psychose maniaco-dépressive. Celle-ci se traduit par des accès de surexitation (manie) alternant avec des périodes de mélancolie (dépression).

MANQUE
Terme employé pour décrire habituellement la sensation qu'entraîne le manque d'une substance psychoactive.
Le manque est une expression populaire désignant le syndrome de sevrage, encore appelé syndrome d'abstinence, de privation ou de retrait. Il décrit les signes et symptômes qui accompagnent le sevrage aux substances psychoactives.

MÉDICAMENT
Dans le langage populaire francophone, les gens tendent à distinguer les médicaments des drogues. Ainsi, dans ce livre, le mot médicament est appliqué à toute substance utilisée à des fins curatives, préventives ou bénéfiques. Le mot drogue est employé pour désigner toute substance qui modifie le fonctionnement mental (psychotrope) et dont l'usage peut conduire à l'abus ou à la dépendance.

NARCOTIQUE
Substance provoquant la narcose, c'est-à-dire un état de torpeur ou un sommeil artificiel.

NEUROMÉDIATEURS OU NEUROTRANSMETTEURS OU MÉDIATEURS CHIMIQUES
Substances chimiques qui assurent la continuité de l'influx nerveux au travers des synapses. Les principaux neuromédiateurs sont la dopamine, la sérotonine, l'acétylcholine, l'adrénaline, la noradrénaline et l'acide gamma-aminobutyrique (GABA).

OPIACÉ
Toute substance contenant de l'opium ou exerçant une action comparable à celle de l'opium.

OVERDOSE
Voir surdosage.

PARANOÏA
Trouble mental caractérisé par des jugements faux guidés moins par la logique que par l'orgueil, la méfiance, la psychorigidité, la susceptibilité exagérée et l'inadaptation sociale. Sur ce fond apparaissent parfois des délires de revendication, de mysticisme et de jalousie qui peuvent conduire à l'agressivité.

PARTY RAVE
Une soirée rave est organisée autour de la musique techno. Les participants ou « ravers » apprécient qu'elle ait lieu dans des endroits insolites (rase campagne, bâtiments désaffectés…).

PATCH
Voir timbre transdermique.

PHARMACODÉPENDANCE OU DÉPENDANCE
Ensemble des phénomènes physiques et psychologiques qui rendent, après un certain temps d'utilisation variable, certains médicaments ou drogues indispensables à l'équilibre physiologique du consommateur.

POLYCONSOMMATION
Comportement d'usage qui associe la consommation de plusieurs substances psychoactives.
Voir aussi polyintoxication.

POLYINTOXICATION
Phénomène assez fréquent en toxicomanie résultant de l'absorption simultanée de plusieurs substances. Le consommateur a recours à ce type d'association, soit pour amplifier les effets agréables recherchés tels que l'euphorie (sensation de bien-être), soit pour diminuer les effets désagréables ressentis, tels que l'anxiété ou la somnolence.

POLYTOXICOMANE
Toxicomane consommant plusieurs substances susceptibles d'engendrer la toxicomanie.

POSOLOGIE
Ensemble des indications sur les modalités de prise d'un médicament (doses, fréquence, etc.).

PRISE
Quantité de substance consommée en une seule fois.

PSYCHOSE MANIACO-DÉPRESSIVE
Voir maladie affective bipolaire.

PSYCHOTROPE
Substance qui agit sur le psychisme d'un individu en modifiant son fonctionnement mental. Elle peut entraîner des changements dans les perceptions, l'humeur, la conscience, le comportement et diverses fonctions psychologiques. C'est la classe de médicaments ou drogues la plus utilisée dans le monde.

SCHIZOPHRÉNIE
Maladie caractérisée par des troubles de la perception et de la pensée, une modification de l'humeur, un comportement bizarre et une perturbation de l'activité motrice.

SÉDATIF
Produit destiné à calmer et à apaiser un état d'agitation ou de nervosité.

SEVRAGE
C'est l'arrêt de la prise de substance psychoactive de manière brutale ou progressive. Pour libérer l'organisme du besoin de drogue sans ressentir les effets physiques du manque, les personnes pharmacodépendantes peuvent avoir recours à un sevrage sous assistance et contrôle médical. Le sevrage aux barbituriques (somnifères rarement utilisés) ou un accident de sevrage de l'alcool (*delirium tremens,* troubles psychiques) nécessitent une hospitalisation. En pratique, environ 10% des toxicomanes nécessitent une assistance médicale et environ 5% doivent être hospitalisés.

SNIFFER
Priser, renifler, aspirer par le nez. On dit, par exemple, sniffer une ligne de « coke » (cocaïne).

STUPÉFIANT
Toute substance dont l'action sédative, analgésique, narcotique ou euphorisante provoque à la longue la tolérance et la dépendance. Cette définition a un caractère plus juridique que scientifique, puisque la classe des stupéfiants comprend non seulement les opiacés, mais aussi la cocaïne, les hallucinogènes et le cannabis. Elle exclut cependant les sédatifs-hypnotiques et les stimulants autres que la cocaïne.

SUBSTANCE PSYCHOACTIVE
Voir psychotrope

SURDOSAGE
Intoxication sévère ou mortelle où l'usager a consommé une dose trop forte par rapport à celle que son organisme a l'habitude de supporter. Ces accidents interviennent le plus souvent soit lorsque l'usager utilise la même dose qu'un autre, soit qu'il utilise sans le savoir un produit insuffisamment dilué ou coupé avec des substances qui augmentent le danger, soit qu'il prenne plusieurs produits dont les effets se potentialisent. Les risques de surdosage interviennent notamment après un arrêt prolongé de la consommation, alors que l'organisme n'est plus accoutumé au dosage habituel.

SURDOSE
Voir surdosage

SYNAPSE
Zone de communication entre deux neurones ou entre un neurone et une autre cellule.

TIMBRE TRANSDERMIQUE
Timbre autocollant que l'on pose sur la peau afin qu'il dispense un médicament.

TOLÉRANCE
État d'hyposensibilité de l'organisme se traduisant par une diminution de la réponse du médicament ou drogue et par la capacité de supporter, sans manifester de symptômes d'intoxication des doses élevées qui habituellement seraient toxiques pour le néophyte. Elle se manifeste donc par une diminution de l'efficacité et de la toxicité du médicament ou drogue.

TOXICITÉ
Propriété d'une substance à causer des effets nuisibles d'intensité variable pouvant aller jusqu'à la mort. On distingue la toxicité aiguë de la toxicité chronique. La toxicité aiguë résulte de l'action ponctuelle d'une substance alors que la toxicité chronique est une des conséquences de l'administration régulière de cette substance.

TOXICOMANE
Personne atteinte de toxicomanie. Individu qui prend de façon régulière et excessive une ou plusieurs substances toxiques susceptibles(s) d'engendrer un état de dépendance physique ou psychologique. Dans le langage populaire, on l'appelle aussi un drogué. Les principaux buts poursuivis par le toxicomane sont la recherche du plaisir ou l'évitement de la souffrance. Dans plusieurs cas, il existe une terminologie particulière attribuée au toxicomane selon le type de drogue consommée. Ainsi, on distingue le narcomane, l'opiomane, le morphinomane, l'héroïnomane, le cocaïnomane, l'alcoolique, l'éthéromane, etc.

TOXICOMANIE
État d'intoxication engendré par la prise répétée d'une ou plusieurs substances toxiques et créant un état de dépendance physique ou psychologique vis-à-vis des substances consommées.

TOXICOLOGIE
Étude des poisons, leurs identifications et leurs effets. Étant donné que tous les médicaments ou drogues à une certaine dose peuvent être des poisons, la toxicologie réfère également à l'étude de la toxicité des médicaments.

USAGE RÉCRÉATIF
Usage d'une substance seulement lorsqu'il est socialement acceptable de le faire et qu'elle est facilement disponible. La personne ne recherche pas et ne crée pas des situations propices à la consommation.

Sources bibliographiques

ÉDITION FRANÇAISE

**Plan triennal de lutte contre la drogue et de prévention
des dépendances –1999-2000-2001**
Mission interministérielle de lutte contre la drogue et la toxicomanie – Paris,
La documentation française, 2000.

**Les pratiques addictives – Usage, usage nocif et dépendance aux substances
psychoactives**
Michel REYNAUD, Philippe-Jean PARQUET, Gilbert LAGRUE – Paris, Odile Jacob, 2000.

Dopage et société
Patrick LAURE – Paris, Ellipses, 2000.

Dictionnaire des drogues, des toxicomanies et des dépendances
Denis RICHARD, Jean-Louis SENON – Paris, Larousse, 1999.

La dangerosité des drogues – Rapport au secrétariat d'État à la santé
Bernard ROQUES – Paris, Odile Jacob
La documentation française, 1999.

Drogues et toxicomanies – Indicateurs et tendances
Observatoire français des drogues et des toxicomanies – Paris, OFDT, 1999.

**La drogue, où en sommes-nous ?
Bilan des connaissances en France en matière de drogues et de toxicomanies**
Nathalie FRYDMAN, Hélène MARTINEAU – Paris,
La documentation française, 1998.

Ecstasy – Des données biologiques et cliniques aux contextes d'usage
Expertise collective INSERM – Paris 1998.

**Les personnes en difficulté avec l'alcool – usage, usage nocif et dépendances :
propositions**
Michel REYNAUD, Philippe-Jean PARQUET – Vanves, CFES 1998.

**Pour une prévention de l'usage des substances psychoactives usage, usage nocif,
dépendance**
Philippe-Jean PARQUET – Vanves, CFES, 1998.

Baromètre santé jeunes 1997-1998
Sous la direction de Jacques ARENES,
Marie-Pierre JANVRIN et François Baudier – Vanves, CFES, 1998.

**Pour une politique de prévention en matière de comportements de consommation de
substances psychoactives**
Rapport du professeur Parquet - Vanves,. CFES, 1997.

La souffrance de l'homme
Michel REYNAUD, Jacques-Antoine MALAREWICZ – Paris, Albin Michel, 1996.

Drogues, dépendance et dopamine
Jean-Pol TASSIN – La recherche, no 306, février 1998.

Drogues : s'informer, prévenir, agir
Ministère de la Jeunesse et des Sports - Paris, CFES, SNDT, MILDT, 1998.

ÉDITION QUÉBÉCOISE

Pharmacologie des psychotropes
Éditeurs : Louis LEONARD et Mohamed BEN AMAR
Presses de l'Université de Montréal
Date prévue de sortie du livre : Mars 2002.

Classification, caractéristiques et effets généraux des substances psychotropes. Dans : l'usage des drogues et la toxicomanie. Volume III
Louis LEONARD et Mohamed BEN AMAR - Montréal, Gaëtan Morin, 2000.

L'alcool : aspects scientifiques et juridiques
Mohamed BEN AMAR, Richard MASSON et Sylvain ROY - Montréal, Éditions B.M.R., 1992.

Problem drug and alcohol use in a community sample of adolescents
Mark ZOCCOLILLO, Frank VITARO, et Richard E. TREMBLAY
Journal of the American Academy of Child and Adolescent Psychiatry, 1999.

Bilan 2000. Accidents, parc automobile, permis de conduire
Service des études et des stratégies en sécurité routière. Direction de la planification et de la statistique. Québec, Société de l'Assurance Automobile du Québec, 2001.

Commission d'enquête sur le recours aux drogues et aux pratiques interdites pour améliorer la performance athlétique.
Charles L. DUBIN - Ottawa, Ministère des Approvisionnements et Services Canada, 1990.

Drugs and drug abuse
B. BRANDS, B. SPROULE et J. MARSHMAN - Toronto, Addiction Research Foundation, 1998.

Substance abuse. A comprehensive textbook
J.H. LOWINSON, P. RUIZ, R.B. MILLMAN et J.G. LANGROD - Baltimore, Williams & Wilkins, 1997.

Goodman & Gilman's. The pharmacological basis of therapeutics.
J.G. HARDMAN, L.E. LIMBIRD, P.B. MOLINOFF, R.W. RUDDON et A. GOODMAN GILMAN - New York, Mc Graw Hill, 2001.

Basic & Clinical Pharmacology
Bertram G. KATZUNG - New York, Lange Medical Books / Mc Graw Hill, 2001.

Compendium des produits et spécialités pharmaceutiques
Association Pharmaceutique Canadienne, Ottawa, A.P.C. , 2001.

Loi sur les aliments et drogues et du règlement sur les aliments et drogues
Ministre des travaux publics et Services gouvernementaux Canada - Ottawa, Gouvernement du Canada, 1999.

The human mind explained
S.A. GREENFIELD
New York , Marshall Editions, 1996.

Psychophysiologie
M.R. ROSENZWEIG, A.L. LEIMAN- Ville Mont-Royal, Décarie éditeur, 1991.

Les drogues : faits et méfaits
Santé et Bien-Être Social Canada - Ottawa, Gouvernement du Canada, 1988.

Alcohol analysis: clinical laboratory aspects. Part I
K.M. DUBOWSKI – Laboratory Management, 1982.

Blood alcohol concentrations: factors affecting predictions
C.L. WINEK et F.M. ESPOSITO – Legal Medicine, 1985.

Drugs and behavior. An introduction to behavioral pharmacology
W.A. Mc KIM – Upper Saddle River, Prentice Hall, 2000.

Clinical textbook of addictive disorders
R.J. FRANCES et S.I. MILLER - New York, The Guilford Press, 1998.

Addictions. A comprehensive guidebook
B.S. Mc CRADY et E.E. EPSTEIN - Oxford, Oxford University Press, 1999.

Enquête sociale et de santé 1998
Institut de la statistique du Québec – Sainte-Foy, Gouvernement du Québec, 2000.

Les pratiques policières et judiciaires dans les affaires de possession de cannabis et autres drogues, de 1995 à 1998. Portrait statistique.
G.A. DION – Montréal, Comité permanent de lutte à la toxicomanie, 1999.
Le point sur la situation de la toxicomanie
Comité permanent de lutte à la toxicomanie – Montréal, CPLT, 2000.

Contrôle et vente des boissons alcoolisées 1998-1999.
Statistiques Canada – Le quotidien, 22 juin,
http://www.statcan/Daily/Français/000622/q000622b.htm, 2000.

Profil canadien. L'alcool, le tabac et les autres drogues.
Centre canadien de lutte contre l'alcoolisme et la toxicomanie et centre de toxicomanie et de santé mentale – Ottawa, CCLAT, CCSA, 1999.

Designers Drugs and Raves
Gendarmerie Royale du Canada – Vancouver, « E » Division Drug Enforcement Branch, 2000.

Ecstasy. Drogue du millénaire?
M. HOULE, Action Tox 1(1), 2000.

La consommation de PCP à Montréal.
C. ROBITAILLE – Montréal, Rapport de stage présenté au Programme d'Éducation et de Sensibilisations aux drogues de la GRC, Université de Montréal, 1998.

Les jeunes de la rue de Montréal et l'infection au VIH. Étude de prévalence.
É. ROY, N. HALEY, J.-F. BOIVIN, J.-Y. FRAPPIER, C. CLAESSENS, N., LEMIRE – Montréal, Groupe de recherche sur les jeunes de la rue et l'infection au VIH, 1996.

Le réseau SurvUDI: Trois années de surveillance du virus de l'immunodéficience humaine chez les utilisateurs de drogues par injection
M. ALARY, C. HANKINS, R. PARENT, L. NOËL, C. CLAESSENS, C. BLANCHETTE, T. TRAN – Beauport, Régie régionale de la santé et des services sociaux de Québec, Centre de santé publique de Québec, 1998.

La Gendarmerie royale au Québec
Gendarmerie Royale du Canada –
http://www.grcquebecrcmp.com/pages/con_p_v_f/pag_ver_d_f.html, 2001.

La toxicomanie à Montréal-Centre. Faits et méfaits.
S. CHEVALIER, I. LAURIN – Montréal, Régie régionale de la santé et des Services sociaux, Direction de la Santé publique et Direction de la programmation et coordination.

Le Code criminel canadien
JEAN, L. MARTINEAU, L. SAINTONGE-POITEVIN – Montréal, Wilson et Lafleur Ltée, 2001.

ÉDITION QUÉBÉCOISE

L'édition québécoise de ce livre a été réalisée par le Comité permanent de lutte à la toxicomanie (CPLT) avec le concours des personnes suivantes :

Mohamed Ben Amar, Université de Montréal • Louis Léonard, Université de Montréal • Nancy Légaré, Centre Hospitalier Louis-H Lafontaine • Pascal Schneeberger, RISQ • Pierre Brisson • Jean-François Cyr, Léonard, Vallée, Champagne et associés • Michaël Gillet • Francine Bastien • John Topp, Pavillon Foster • Robert Baril, Régie régionale de la Montérégie • Geneviève Gagneux, Régie régionale de Laval • France Janelle, Régie régionale de la Montérégie, Direction de la santé publique.

Direction éditoriale : Rodrigue Paré, président du CPLT
Direction de la publication : Michel Germain, directeur général du CPLT
Coordination éditoriale : Mohamed Ben Amar
Rédaction : Mohamed Ben Amar, professeur, Université de Montréal, Louis Léonard, Nancy Légaré, Pascal Schneeberger, Jean-François Cyr, Rodrigue Paré, Michel Germain
Photographies : Gendarmerie Royale du Canada
Édition et diffusion : Les Éditions internationales Alain Stanké

ÉDITION FRANÇAISE

L'édition française de ce livre a été réalisée par le Comité français d'éducation pour la santé (CFES) et la Mission interministérielle de lutte contre la drogue et la toxicomanie (MILDT) avec le concours d'un comité scientifique et d'un comité de lecture.

Pierre Arwidson, CFES • Philippe Batel, Hôpital Beaujon – UTAMA • François Baudier, CNAMTS-DSP • Pierre Bressan, ministère de la Jeunesse et des Sports (DJEP) • Bernard Candiard, Service d'Information du gouvernement (SIG) • Baptiste Cohen, Drogues Info Service • Katherine Cornier, Direction générale de la santé • Jean-Michel Coste, Observatoire français des drogues et des toxicomanies (OFDT) • Michel Damade, GRICA Bordeaux • Martine Giacometti, ministère de l'Éducation nationale (DESCO) • Olivier Guérin, Cour de cassation Paris • Patrick Laure, CHU Nancy • Bernard Lebeau, Hôpital Saint-Antoine • William Lowenstein, Centre de Monte Cristo • Christophe Palle, Observatoire français des drogues et des toxicomanies (OFDT) • Philippe-Jean Parquet, CHRU Lille • Michel Reynaud, CMP CHU Clermont-Ferrand • Ariane Revol-Briard, Service d'information et de communication du ministère de l'Emploi et de la Solidarité (SICOM) • Thomas Rouault, Toxibase • Jean-Pol Tassin, U 114 INSERM Collège de France • Cabinet du secrétaire d'État à la Santé • L'ensemble des chargés de mission de la MILDT.

MILDT

Placée sous l'autorité du Premier ministre, cette mission anime et coordonne l'action de 17 ministères concernés par la lutte contre la drogue et la prévention des dépendances, notamment dans les domaines de la prévention, de la prise en charge sanitaire et sociale, de la répression, de la formation, de la communication, de la recherche et de la coopération internationale. Elle prépare et met en œuvre les décisions du Comité interministériel de lutte contre la drogue et de prévention des dépendances dont les compétences, depuis le 16 juin 1999, concernent aussi bien les consommations de drogues illicites que l'abus d'alcool, de tabac et de médicaments psychoactifs.

Mission interministérielle de lutte contre la drogue
et la toxicomanie
10, place des Cinq-Martyrs-du-Lycée-Buffon – 75015 Paris
Tél : 01 40 56 63 00 - Télécopie : 01 40 56 63 13
Courriel : danielle.million@mildt.premier-ministre.gouv.fr

CFES

Le CFES est une institution de santé publique placée sous la tutelle du ministre chargé de la santé. Sa mission est d'aider la population à adopter des comportements favorables à la santé. Elle met en œuvre des programmes nationaux de prévention et de communication sur de nombreux thèmes (campagnes à la télévision, radio, presse, réalisation et diffusion de brochures et ouvrages…). Chaque année, des études sont publiées sur les comportements de santé des français. 117 comités départementaux et régionaux mènent des actions d'éducation pour la santé. Ils constituent un réseau national animé par le CFES.

Comité français d'éducation pour la santé
2, rue Auguste Comte – BP 51 - 92174 Vanves Cedex
Télécopie : 01 41 33 33 90
Courriel :   cfes@cfes.santé.fr

Direction éditoriale : Nicole Maestracci, présidente de la MILDT
Direction de la publication : Bernadette Roussille, déléguée
générale du CFES
Coordination éditoriale : Danielle Vasseur, CFES – Patrick
Chanson, MILDT
Rédaction : Agnès Muckensturm
Photographies : Frédéric de Gasquet
Illustrations : Gilbert Noury
Édition et diffusion : CFES
Conception : EURO RSCG Corporate
Réalisation : EURO RSCG Publishing
ISBN : 2-908444-65-8